KB054390

올 댓 실버마케팅

노인에게 젊음을 팔아라!

ALL THAT SILVER MARKETING

올 댓
실버마케팅

김숙응 지음

매일경제신문사

UN이 2009년 발표한 〈세계 인구 고령화 보고서〉는 국민의 평균 수명이 80세를 넘는 나라가 2000년에는 6개국에 불과했으나 2020년에는 31개국이 될 것으로 전망하고 있습니다. 이를 '호모 헌드레드 시대'로 정의한 이후 우리나라에서도 100세 시대라는 용어가 친숙하게 되었습니다. 따라서 인간 수명의 변화에 적합한 새로운 프레임을 통해 사회 제도 및 국민의식이 바뀌어야 합니다.

한국은 2000년에 고령화 사회를 지나 고령사회로 진행되고 있으며 이 진입속도는 세계 유래를 찾아 볼 수 없을 정도로 빠릅니다. 2014년 7월 기준으로 전국 100세 이상 노인이 1만 4,592명에 달한다는 보고도 있습니다. 심지어 출생년도에 따라 평균수명이 달라진다는 이야기도 나오고 있습니다.

사람은 노화가 진행됨에 따라 여러 측면에서 젊었을 때에는 경험하지 못했던 많은 신체적, 정신적 변화를 경험하게 됩니다. 이에 따른 새로운 욕구가 생겨나므로 새로운 제품이나 서비스에 대한 수요도 당연히 발생하게 됩니다.

그러므로 실버시장은 21세기 들어서 유망한 새로운 시장을 찾으러 끊임없이 노력하는 기업들에게 매우 매력적인 시장입니다. 이때까지 이 시장은 지출을 하지 않으며 재정적으로 여유가 없는 집단으로 구성된 작은 규모의 시장으로 인식되어 왔습니다.

물론 많은 노인들은 여전히 열악한 경제 환경 하에서 어려운 생활을 영위하고 있습니다. 하지만 한편에서는 고도 경제 성장의 성과에 힘입어 재산을 축적해온 새로운 실버층이 생겨나고 있습니다. 최근에는 다양한 라이프스타일과 구매력을 가진 베이비부머가 실버층으로 편입되기 시작하여 그 시장이 점점 더 커지고 있는 것이 현실입니다.

전 세계적으로 이러한 실버시장은 기업에게는 생존을 위한 전략적 시장으로 부상하고 있고, 국가적으로는 새로운 성장 동력으로 자리매김하고 있습니다. 따라서 앞으로 실버시장을 간과하는 기업은 중요한 시장에서 경쟁적 위치를 확보하지 못하게 됩니다. 결과적으로 전체 시장에서의 경쟁력마저 잃게 될 가능성이 높습니다.

문제는 새로운 시장이 창출되고 있지만 기업이 접근하기가 용이하지 않다는 데에 있습니다. 상대적으로 젊은 시장에 대한 이해는 잘 이루어지고 있지만 실버시장을 제대로 이해하고 있는 마케터나 기업이 거의 없습니다. 성공적인 마케팅이 이뤄지기 위해서는 고객의 욕구를 제대로 파악하고, 고객의 특성에 적합한 마케팅 전략 및 마케팅 믹스를 도출해야 합니다. 그러나 현실적으로는 실버고객에 관한 정보가 매우 부족하고 어떻게 접근할 것인가에 대한 지식도 없는 실정입니다.

　이 분야의 연구자들을 위한 책은 출간되어 있지만, 대다수 사람들의 실버비즈니스에 대한 이해력이 부족하다는 것을 평소 인지하고 있었습니다. 이에 따라 여러 곳에 이와 관련된 글이나 칼럼을 기고해 왔습니다. 실버시장 이해에 도움이 될 책으로 엮어내면 좋겠다는 생각을 가져왔는데 이번 출간으로 그 뜻을 달성하게 되었습니다.

　이 책을 준비하고 집필하기 위해 나름대로 많은 노력을 기울었지만 여전히 미흡한 점이 있을 것이라 생각합니다. 또한 여러 곳에 기고된 글들을 기준으로 하였기 때문에 겹치는 부분도 있을 것입니다. 부디 본서가 일반 독자들이 실버비즈니스를 이해하는 데 조금이나마 도움이 되기를 바랍니다.

이 책이 완성되기까지 많은 분들이 아낌없는 도움을 주셨음을 이 지면을 통해 밝힙니다. 많은 조언과 힘을 주시는 든든한 여러 교수님들과 교정을 담당한 실버비즈니스 정소리, 양승희 조교들에게 감사를 드립니다. 더불어 출간을 해 주신 매경출판의 노고에도 깊은 감사를 드립니다. 끝으로 언제나 이해와 협조를 아끼지 않는 가족에게도 진심으로 고맙다는 인사를 전합니다.

2014년 9월
김숙응

02 실버 마켓을 잡아라!

01

실버마켓을
정확히 이해하자

성장하는 실버마켓

 100세 시대, 무엇이 달라질까

　대한민국에 100세 인구가 급격히 늘고 있다. 통계청에 따르면 2012년 100세 이상 인구는 2,386명으로 2040년에는 2만 명을 넘어설 것으로 추정하고 있다. 60세에 은퇴해 80세에 사망하는 일은 얼마 전만 해도 건강한 사람들이 누리던 축복이었다. 그러나 의학의 발달과 생활수준의 향상으로 이젠 평범한 사람도 100세에 근접할 가능성이 높아져 16만 시간이 더 생기게 됐다. 따라서 생애주기를 100세 패러다임으로 바꿔야 할 필요가 있다.

　'호모 헌드레드(homo hundred)'라는 단어는 대부분의 사람들이 100세 삶을 살 가능성이 높아졌다는 의미로 2008년 UN에서 처음 사용됐다. 100세 시대에 접어든 지금 인간 수명의 변화에

다양한 한국 노인 연령 기준

노인복지법(시설이용연령) · **65세 이상**
기초생활보장법 · **60세 이상**
국민연금법 · **60세 이상**
기초노령연금법 · **65세 이상**
노인장기요양법 · **65세 이상**
고령자고용촉진법 · **55세 이상**
노인복지회관, 노인교실 출입 · **60세 이상**
양로원 · **65세 이상**
노인일자리 사업 대상 · **65세 이상**
공공근로 · **64세 이하**
환갑잔치 · **60세**

출처: 시니어조선

맞추어 사회 제도 및 국민의식이 바뀌어야 한다.

　현재 실버산업에서 핵심대상이 되는 고객층은 베이비부머이다. 한국의 베이비부머는 한국전쟁 직후인 1955년에서 산아제한 정책이 도입되기 직전인 1963년 사이에 태어난 세대로, 인구는 약 715만 명으로 추산된다.

　2011년 말 11개 정부 부처와 경제·인문사회연구회가 공동으로 주최한 〈100세 시대 종합컨퍼런스〉의 내용을 살펴보면 노인의 개념부터 달라진다. 이때까지의 80세 시대에서 노인은 젊은

이가 보살펴야 할 사회의 약자로, 사회적 부담 때문에 계층 간 갈등도 야기됐다. 그러나 100세 시대의 노인은 보다 건강하게 삶을 영위하는 계층으로 정의한다. 또한 장수의 개념도 '오래 사는 것'에서 '잘 사는 것'으로 변화된다.

이와는 반대로 노인 혹은 실버층에 대한 정의는 일치를 보지 못하고 있는 것이 현실이다. 표에서 보듯 노인을 나이 기준으로 정의할 때는 그 기준이 매우 다양하며 상황에 따라 다른 나이 기준을 적용하기도 한다.

가족도 나도 과거와는 다르다

가족의 형태도 80세 시대와 다르다. 지금까지는 가족은 부부 중심으로 이루어지는 것이 일반적이었고, 노인은 자녀의 부양을 받거나 고립됐다. 그러나 100세 시대에는 결혼과 가족의 개념이 약해진다. 이미 이혼율, 재혼율이 높아진 상황에서 수명이 길어지면 재혼, 심지어 삼혼도 증가할 것으로 추정된다. 지금과는 전혀 다른 상황에 접하게 된다는 것이다.

오래 산다는 것은 대개의 경우 일하는 시간이 더욱 길어진다는 것을 의미한다. 퇴직연령은 늘어나 부양이나 사회 복지 비용이 줄고, 정부가 무조건 베푸는 복지에서 개인, 정부, 지역사회결합의 복지 형태를 띠게 된다.

따라서 생계를 책임질 노후대책도 공적연금 보조와 공적·개인별 준비에서 공적·개인별·퇴직연금 등 다양한 보장 체계가 정책적으로 마련되어야 한다. 물론 이에 대한 개인들의 구체적인 노후 준비도 필요하다. 특히 개인은 수명 증가에 따라 금융적 측면에서 100세 생애주기를 고려한 준비를 강화해야 할 것이다.

주거 형태도 달라진다. 노인고립에서 벗어나 도시나 시골에 거주하는 노인 단독 가구가 증가하고 노인끼리의 자생적 생활공동체도 부상할 것이다. 이미 초고령사회가 된 농촌의 경우, 겨울이면 노인 단독 가구끼리 경로당이나 마을회관 등 특정 주택에 모여 생활을 영위하고 있다.

한편 일만 하고 살았던 80세 시대의 패러다임이 바뀌면서 노년층의 여가·문화·교육이 중시된다. 100세 시대의 패러다임은 일과 삶의 균형 지점에서 평생동안 끊임없이 배우고 가능한 한 오랫동안 건강하게 일하는 것이다. 그리고 남은 시간은 가치 있게 여가 시간으로 활용할 것이다. 남은 시간을 어떻게 보낼 것인가는 각자의 몫이지만 가지고 있는 지식과 경험 등을 활용해 삶의 만족감과 성취감을 느낄 수 있는 여가 프로그램을 선택해야

현재 만 65세 이상이 받을 수 있는 지원

₩	기초노령연금	만 65세 이상 노인 소득 하위 70%에 월 9만 4,600원 지급
	국민연금	현재는 60세부터 지급, 2013년부터 5년마다 1세씩 높아져 2033년부터 65세 이상 지급
🚗	교통 분야	- 전철·지하철 100% 면제 - KTX·새마을호 주중 30% 할인 - 국내선 항공기 10% 할인 - 여객선 20% 할인
🏛	국·공립 박물관, 미술관, 공원, 고궁	무료 이용
🏠	노인장기요양보험	노인성 질환자 신청 가능
	양로원	65세부터 이용 가능
	공공근로사업	64세 이하만 신청 가능

출처: 시니어조선

한다.

이와 관련 교육적 측면에서 살펴볼 때 교육은 전 세대를 통해 이뤄져 정년제가 약화되고, 은퇴 이후 지속되는 세대 내 교육을 통해 계속적인 경제 활동과 필요한 지식을 여가 순환형 교육으로 지원받게 된다. 산업적인 측면에서는 노인 증가에 따른 실버 산업의 등장은 당연하며, 이들의 미 충족된 욕구와 관련된 제품과 서비스의 개발 및 발전이 필수적이다.

최근 인구변화에 어떻게 대응할 것인가는 세계적인 이슈이다. 이제는 100세 시대의 삶에 대한 변화의 패러다임을 정비해야 할 시점이다. 100세 시대를 맞는 정부나 기업, 개인들은 각기 이에 대한 적합한 준비를 해야 할 시기가 바로 지금이라는 것을 인식해야 한다.

실버산업은 없다?

2012년 6월 23일 우리나라 인구가 5,000만 명을 넘어섰다는 뉴스가 발표되었다. 이들 전체 인구 중 베이비부머를 포함한 노년층 인구수는 대략 1,180만 명이다.

실버산업이란 실버층을 대상으로 활동하는 기업 집단을 의미한다. 같은 성인 인구라도 20대 청년층과 60세 이상의 실버층이 필요로 하는 시장은 크게 다르다. 즉, 1,180만 명의 규모를 가지고 있는 또 다른 시장이 존재한다는 소리다.

각 연령층 간의 차이는 노화에 의해 야기된 변화에서 찾아볼 수 있다. 우선 나이가 들면 생물학적 측면, 예를 들면 오감 즉 시각, 청각, 미각, 촉각, 후각 등의 기능이 떨어지게 된다.

인간은 에너지가 가장 충만한 청년기를 정점으로 점차 시간이 지남에 따라 노화에 의해 모든 기능이 낮아진다. 이에 따라 생활하는 데 부족하거나 불편한 상황을 느끼게 되고 가장 좋았던 시점으로 돌아가고자 하는 욕구가 생긴다.

따라서 이러한 욕구를 충족시켜 주는 역할을 하는 것이 바로 실버 제품이나 서비스라 할 수 있다. 인간은 본능적으로 자기의 욕구를 충족시키고자 하기 때문에 실버 제품이나 서비스의 존재는 필수적이라 할 수 있다.

노인은 노인으로 보이고 싶어 하지 않는다

몇 해 전 어버이날, 어머님께 가장 필요한 것이 무엇인가를 골똘히 생각하던 중 보청기가 생각났다. 많은 사람들이 보청기는 노인용 제품이며, 이를 착용하는 이들은 나이가 든 세대로 알고 있다. 그런데 어머님은 듣는 데 한계가 있음에도 불구하고 노인으로 인식되는 것이 싫어 보청기가 필요하지 않다고 하셨다. 결국 '집안에서만이라도 유용하게 사용하시겠지' 생각하며 구매하게 됐다.

한동안 많은 기업이나 개인들이 실버산업에 주목하다가 시기가 이르다는 판단으로 시장을 떠나거나, 시장 상황만을 살피고 있다. 또 학계에서도 일부 실버산업은 시기상조이거나 시장이 만들어지지 않는다는 극단적인 의견이 나오고 있다.

그러나 블루오션으로 불리는 실버산업에서 많은 기업이 현재 실버층을 대상으로 적극적인 활동을 하고 있고, 셀 수 없을 정도의 많은 성공 사례도 존재한다. 그런데 왜 일부 부정적인 시각이나 극단적인 의견이 나오고 있는 것일까? 정말로 실버산업 시장은 없는 것인가?

'절대로 아니다'라고 단언할 수 있다. 실버시장은 엄연히 존재한다. 그런데도 실패하는 이유 중 하나를 꼽자면 실버시장 내의 실버층들이 위 사례에서처럼 스스로가 노인임을 인정하지 않는 것을 들 수 있다. 이들은 자신이 실제 생물학적 연령보다 10살 내지 15살 정도 더 젊다고 느끼고 있어 그에 상응하는 연령층의 제품을 구매할 가능성이 크기 때문이다. 이런 특수성을 모르면 실버산업이 성장 가능성이 없거나, 아예 존재하지 않는다고 생각할 수 있다.

따라서 실버계층을 대상으로 활동하거나 활동하고자 하는 기업들 혹은 개인들은 이러한 실버층들의 특성을 면밀히 분석하고 이들이 무엇을 원하는지 다양한 측면에서 파악해야 한다. 또한 이를 토대로 이들의 특성에 적합한 전략을 수립해야 성공할 수 있다. 전 세계적인 고령화 현상으로 인해 실버기업이 유망한 수출산업으로서의 일익을 담당할 수 있는 기회를 맞이하리라 생각한다.

 실버산업은 있다!

일간지 구독 중 '지갑 여는 실버...쓸 돈 없는 없는 청년'(〈한국
경제신문〉 2012.10.16)이라는 제목의 기사를 보았다. 일간지와
금융기관이 공동으로 신용카드 사용액을 통한 소비 트렌드를 분
석한 것인데, 이에 의하면 2012년 1~8월 중 60세 이상의 카드 사
용액은 4조 1,553억 원으로 2008년 같은 기간보다 두 배 이상으
로 증가한 것으로 발표했다.

동일 기간 통계청 인구 추계에 따른 60세 이상 인구 증가율이
16%(707만 명에서 824만 명)를 감안해도 고령층의 소비성향이
급격히 높아진 것으로 해석할 수 있다. 기사에서는 이들의 '소비
파워'가 시간이 지날수록 더욱 강력해질 것으로 예상했다.

이는 '실버층들은 돈이 없다, 잘 쓰지 않는다'는 실버산업에 대
한 부정적인 시각을 바꿔주는 통계라고 볼 수 있다. 또한 2010년
부터 10년간 연평균 기존산업 성장률이 4.7%에 이를 것인 반면
실버산업은 12.9% 성장할 것으로 나타났다.

실버산업 파헤쳐보기

실버층을 대상으로 하는 실버산업을 유형별로 살펴보면 금융, 주거, 의료, 여가, 제품 및 서비스산업으로 분류할 수 있다. 실버산업 내 기업 활동을 간략히 살펴보면 다음과 같다.

현재 가장 활발하게 활동하는 금융산업의 경우, 고령화가 진행되면서 안정적인 노후생활을 바라는 중·장년층을 겨냥한 다양한 금융상품이 출시되고 있다. 시중은행에서는 안정적인 수익을 추구한 장기 연금형 상품을 주로 팔고 있으며, 보험사에서는 간병보험과 건강보험, 치명적 질병보험(CI), 상해보험 등 '일명 실버보험'이 많이 출시돼 있다.

더불어 예금, 펀드, 보험 등 모든 금융자산을 망라해 특정 고객에 맞춤형 노후 설계 플랜을 제공하는 솔루션, 건강과 재테크에 초점을 맞춘 예금상품, 각종 비과세 혜택을 누릴 수 있는 상품, 주택연금도 등장하고 있다. 이를 볼 때 보험상품이나 연금상품, 주택연금 등 다양한 상품이 개발·판매되고 있음을 주변에서 쉽게 알 수 있다.

노인복지법에서는 인간의 기본적인 욕구와 관련된 주거산업의 경우 노인주거복지시설을 노인복지주택(실버타운)이나 양로

호주 양로시설에서 운동을 하는 실버층

시설, 또는 노인공동생활가정으로 구분한다. 특히 실버타운에 대해서는 매스컴 프로그램에서 많이 다루는 것으로 보아 이에 대한 노인들의 관심이나 인지도는 높은 것으로 볼 수 있다. 이를 볼 때 기업들이 실버층을 대상으로 나름대로 활동하고 있음을 알 수 있다.

2008년 7월 실시된 장기 요양 보험에 의해 혜택을 가장 많이

일본의 요양시설에서 여가를 즐기는 실버층

받은 의료산업은 병원 등 시설이나 보험 수급자 측면에서 볼 때 가장 많이 활성화된 산업이다. 정부 지원이나 제도에 대한 홍보로 많은 실버층이 혜택을 받고 있음을 알 수 있다. 이쪽 또한 근래 들어 활발하게 움직이는 산업이다.

여가 산업의 경우, 실버층 대상 관광상품 광고나 특정일에 부모님을 위한 쇼, 영화, 마당극, 연극 등을 주변에서 쉽게 찾아볼 수 있기 때문에 여가산업에서도 실버층을 대상으로 한 다양한 사업이 진행되고 있음을 파악할 수 있다.

마지막으로 제품 및 서비스의 경우, 매스컴에 실버층을 대상으로 한 특정 기업이나 제품, 서비스의 광고가 수행되는 것을 볼

호주 시드니의 실버타운 전경

때 이와 관련된 활동도 활발하게 이뤄짐을 알 수 있다. 이와 같이 우리 주변을 둘러만 봐도 실버산업은 진행 중이다. 시간이 지날수록 실버층이 증가하므로 사업하기에도 아주 유망한 분야이다.

실버산업은 성장산업임과 동시에 블루오션이다. 이 산업에서 성공하기 위해서는 다음과 같은 것을 고려해야 한다. 먼저 기업이나 개인 사업자는 실버층에 대한 고정관념을 모두 없애야 정확한 의사결정이 가능하다. '실버층은 이럴 것이다'라는 선입견을 가지고 사업을 개시한다면 조직체나 개인이 원하는 목표를 달성하기가 어렵다. 실버층을 특징짓는 가장 기본적인 기준은 노화에 의한 변화라는 점을 이해하는 것이 중요하다고 볼 수 있다.

전략을 수립할 때, 광고모델은 누구로 하며 전체적인 광고 색감은 어떻게 할 것인가를 결정하려면 좀 더 이론적인 정보파악과 전문적인 지식도 필요하다.

실버산업은 각 산업에 따라 생명주기가 다르지만 시장은 분명히 존재하고 그 시장은 구매력을 가지고 있는 소비자로 구성돼 있다. 기업이나 개인이 산업 추이만을 살펴보다보면 진입 시기를 놓치거나 시장기회를 잃게 돼 생존이나 성장에 큰 문제가 될 것이다. 이 시장에 대해 고려할 시간은 얼마 남지 않았다는 것을 알아야 한다.

유망 사업 리스트

　정부나 기업은 활동과 관련된 환경변화를 유심히 살피고 적응해야 한다. 이는 매우 중요한 생존전략이다. 특히 고령사회와 관련한 인구통계적 환경은 실버산업 분야 기업들의 출현을 이끌었다. 인구통계는 인구와 관련된 모든 특성에 대한 통계학적 연구를 의미하는데 이 변화는 사회경제적 모든 측면에 영향을 미치고 있다.

　고령사회 도래로 실버산업이 등장했고, 핵심인구인 베이비부머들은 총인구의 14.6%(약 712만 명)를 차지하고 있다. 이들이 원하는 미래상은 무엇일까? 93.2%가 "노후에 부부끼리, 혹은 혼자서 살고 싶다"고 말하고 있다(한국보건사회연구원, 2012.6.11).

　또한 통계청 〈2010년 센서스 가구·주택 부문〉을 살펴보면 전체 1,733만 9,000가구 중 2인 가구가 420만 5,000가구(24.3%)로 가장 많다. 주로 저출산과 고령화로 인해 자녀수도 적은데다 이들이 분가하면서 노부부만 남는 빈 둥지 가구가 빠르게 증가한 것이 그 이유다.

　한편 1인 가구가 차지하는 수는 414만 2,000가구로 이는 전체

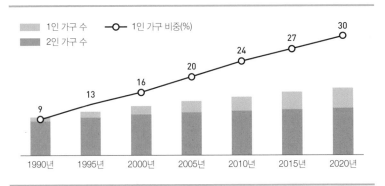

한국 1인 가구 추이 (단위: 만 가구)

1인 가구 수
2인 가구 수
1인 가구 비중(%)

9 13 16 20 24 27 30

1990년 1995년 2000년 2005년 2010년 2015년 2020년

출처: 삼성경제연구소

의 23.9%이다. 이와 같은 인구 통계적 환경 변화는 향후 국가 정책 뿐 아니라 실버산업에 속하는 기업, 일반 기업, 개인 측면에서도 신사업 진출의 중요한 정보가 될 것이다.

 필자는 많은 기업으로부터 실버산업에 관해 강의를 요청받는데, 대부분의 질문은 '실버 세대와 관련하여 어떤 형태의 사업이 가장 유망한가?'이다. 이에 대한 응답의 근거로 여러 환경 자료 중 인구 통계적 환경을 가장 기본적이며 유용한 정보로 삼고 있다.

생활 속에서 찾아보자

그렇다면 인구통계적 환경의 변화로 야기된 베이비부머 인구수나 1인, 2인 가구를 대상으로 유망한 실버산업은 무엇일까? 우선 인간의 가장 기본적인 욕구부터 파악할 필요가 있다. 왜냐하면 인간은 자기 욕구를 충족시키고자 하는 본능을 가지고 있기 때문에 욕구를 충족시켜 주는 제품이나 서비스가 있다면 기업이 구매를 유도하지 않아도 구매할 수밖에 없다.

가장 기본적인 욕구인 의·식·주 중에서 식품과 관련하여 살펴보자. 고령화로 인해 노인이 증가하고 1~2인 노인 가구가 늘어나고 있다. 따라서 이들을 대상으로 하는 식품 시장은 앞으로 유망한 시장이라고 볼 수 있다. 이와 관련된 식생활 제품들은 고령층들이 필요로 하고 섭취하기 쉬운 제품이어야 한다. 미각의 변화에 관해서도 주의를 둘 필요가 있다.

예를 들면 노인은 치아가 약해지고 씹는 능력이 떨어지므로 노인식은 단단한 것보다는 무른 것이 좋다. 또한 노인은 침의 분비량도 적어지므로 분말제품이나 건조한 제품은 삼키기 어렵다. 따라서 노인식은 어느 정도 수분을 함유한 유동식(流動食)이 좋다. 그러나 노인은 건강하던 시절 먹던 경험이 있으므로, 식욕을 충족시키기 위해서는 외관이나 색상은 본래 식품과 유사하게 유지하는 것이 필요하다. 예를 들어 카레 요리에 사용되는 당근의 경우, 외관 및 색상은 유지하더라도 보통보다 더 익혀서 씹으면 쉽게 부서질 수 있도록 해야 한다.

일반적으로 나이가 들수록 맛에 대한 감각도 둔해진다. 예를 들어 노인들은 음식이 싱겁다고 불평하는 경우가 많은데, 대부분 실제 음식이 싱거워서가 아니라 짠맛을 느끼는 감각이 떨어졌기 때문이다. 따라서 노인의 입맛에 맞추어 간을 하게 되면 소금을 과잉으로 섭취하게 되는 결과를 가져오므로 주의하여야 한다. 단맛이나 신맛의 경우도 마찬가지이다.

이처럼 노인의 건강상태나 미각감퇴를 고려해 일본에서는 다양한 식료품이 판매되는데. 예를 들면 편의점에서 당뇨식·저염식·기자미식(きざみ食: 잘게 썬 재료로 만든 음식)·환자식 등 광범위한 제품의 구매가 가능하며, 이들 음식은 노인이 섭취해야 하는 영양소를 고려해 제조되고 있다.

또한 노인 가구는 규모가 작기 때문에 제품의 포장 단위에도 관심을 가져야 한다. 현재 생산과 유통업체에서도 이러한 환경 변화를 인식하여 상품 패키지를 작게 바꾸거나 소용량 제품을 늘리는 전략을 수립하고 있다. 특히 대형 마트조차도 고유의 특

징을 버리고 소량 포장 품목을 늘리고 있다. 이와 함께 가전제품
도 소형화되어가고 있는 것을 볼 때 주택의 규모도 이에 적합하
게 변할 것으로 예상되고 있다.

초고령 사회에 접어든 일본의 경우, 우리보다 더욱 많은 제
품이나 서비스가 제공되고 있다. 앞으로 부상하는 산업을 통틀
어 '3S'라고 부르는데, 이는 Small(소형제품), Single(1인 가구),
Senior(고령층)을 지칭하는 용어이다. 고령화, 저출산, 결혼기피
등으로 사회에 혼자서 생활하는 가구가 급증하면서 독신자와 노
인을 겨냥한 소용량 제품 등이 인기를 끌고 있다는 것이다.

기업 활동과 관련된 여러 환경의 변화는 언제나 새로운 상황
을 야기한다. 고령화가 심화되고 있는 상황에서 이에 대한 기업
의 적응은 필수적이라 할 수 있다. 그러나 우리가 알고 있는 모든
것을 바꿔야 하는 것은 아니다. 기업 활동과 관련한 가장 밀접한
기본적인 환경 변화를 파악함으로서 이에 따른 생존 전략을 수
립하는 것이 기본이다.

따라서 실버층을 대상으로 활동하는 기존 기업은 물론 새롭게
실버시장에 진출하려는 기업이나 개인들은 첫 단추를 현재 우리
를 둘러싼 환경에서 실버층을 위해 보완되어야 할 제품 및 서비
스를 파악하는 것으로 잡아야 한다. 그럼으로써 소비자의 욕구

를 충족시키는 제품 개발 및 서비스 제공이 가능하며 시장 개척
도 가능하다는 것을 유념해야 한다.

세계의 흐름을 파악하라

학생들과 싱가포르 탐방을 다녀왔다. 주거시설 탐방이 중요 활동인데, 노년층들의 일상과 주거지를 직접 봄으로써 그들이 사용하는 실버산업 제품이나 서비스, 시설 운영이나 노년층들의 입주 관련 등 사회적 제도 측면을 접할 수 있기 때문이다.

통상 생산 인구(15세~64세)가 피부양인구보다 빨리 증가하는 기간을 인구 보너스기라고 하는데, 아시아 국가 중 싱가포르, 홍콩, 대만, 태국 그리고 중국과 한국이 모두 2010년부터 2015년 사이에 이 시기가 모두 끝난다. 게다가 이들 국가들은 이미 65세 인구가 인구의 7%를 넘는 고령화 사회다. 특히 한국은 일본보다 고령 사회로의 이행속도가 매우 빠르다.

다음은 앞서 언급한 국가 중 방문국가의 시설 탐방 후기를 일부 발췌한 것이다.

#1. 일본은 초고령국가답게 정부가 지원하는 다양한 요양 시설을 볼 수 있었다. 또 불편한 노년층을 위한 관련 제품도 다양하게 개발되거나 판매되고 있다. 특히 시설에 거주하는 노년에게 제공하는 엄격한 치아 관리와 식사 때 하는 혀 운동 등이 매우 인상적이었다. 2000년 개호보험 실시로 시설

일본의 실버제품 판매점

이나 고령자 주택이 많이 건축되는데, 입주자가 전액 부담하는 우리나라의 실버타운 유형의 주거시설도 증가추세다.

#2. 대만의 주거시설이나 요양시설은 국가지원시설이 대부분이다. 개인이 기증한 토지에 건물을 지어 정부가 위탁기관을 선정, 운영하는 곳도 있다. 대개 자립이 가능한 노인이 입주하고 사망할 때까지 책임을 지며 시설에서 생활, 의료, 여가서비스를 제공한다. 각 시설의 공통점은 여가 콘텐츠

호주의 실버타운

가 다양하다는 점이었다.

#3. 호주는 실버타운 가까이 요양시설이 함께 있는 곳이 많았다. 건강한 노년
    층이 병약한 노년층을 돌보는 老 - 老 케어도 볼 수 있다. 일반적으로 노인
    들이 함께 모여 여가를 즐길 수 있는 장소가 마을의 제일 좋은 곳에 위치
    한 점도 인상적이었다. 또 시설 맞은편에 공동묘지가 있었는데 이유는 육
    체적인 활동을 하지 않으면 그곳으로 간다는 의미가 담겨져 있다고 한다.
    이와 함께 정부에서 특정 연령층에 대해 예방 차원에서 약을 제공하고 있

싱가포르의 복지관

는 점은 노년층의 의료 비용을 감소시키기 위한 대안으로서 긍정적인 점
이다.

#4. 싱가포르는 도시 국가로 인구나 국가의 지리적인 규모가 다른 나라와 차
이가 있다. 그러나 그 곳에서도 노년층이 있는 만큼 지역마다 여가서비스
를 제공하는 노인복지관 같은 형태의 시설을 운영하는 곳이 많았다. 노년
층의 재무상태에 따라 주거시설이나 여가서비스 제공에 대한 지불금액의
차이도 있었다. 또 이제 막 실버제품에 관심이 시작되고 있었다.

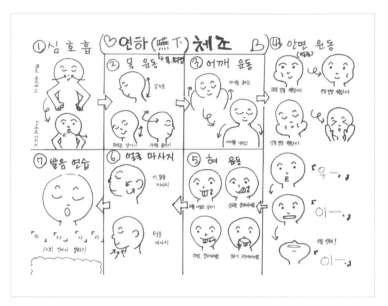

일본 노인복지시설에서 식사 전 권장하는 연하 체조

앞서 언급한 방문국들은 사회복지적 관점에서 정부 재정이 좋아 건강이 좋지 않은 노년층들을 대상으로 제도적 지원이나 노인시설이 개발·운영되고 있으며, 이들의 핸디캡에 도움을 주는 다양한 제품이나 서비스가 제공되고 있다. 그러나 각국의 건강한 노년층을 대상으로 한 실버산업은 아직 활발하지 못하다.

한국, 실버산업에서 리더가 될 수 있다!

우리나라 정부는 유래가 없는 빠른 고령화 현상에 발맞춰 제도적인 다양한 지원을 제공하고 있다. 더불어 민간 기업들도 실버시장에 진출하고 있는데 특히 금융과 의료, 주거 산업에 속하는 기업들은 빠르게 증가하고 있어 향후 성장 가능성은 매우 크다.

현 시장 상황에서 기업들이 지속적인 실버산업 업체로 성장하기 위해서는 세계 시장을 대상으로 활동해야 한다. 이를 위해서는 전 세계적인 고령화 현상을 주목하고, 시장의 저변확대도 도모해야 한다. 결국 우리보다 앞서 고령 사회에 진입한 선진국들의 흐름을 계속적으로 지켜봄과 동시에 주변에 비슷한 상황을 맞이하는 국가들의 환경도 면밀히 분석하여 시장을 선점하고 국제경쟁력을 키워 나가야 한다.

우리가 모르는 실버세대

 고정관념을 깨라

우리 주변을 살펴보면 노화에 대한 이미지는 일반적으로 '힘 없고, 돈 없고, 병들어 있다' 와 같이 부정적인 측면이 매우 강하다. 그러나 연구자들이 뇌 스캐너를 이용하여 노화의 진행 과정을 실시간 관찰한 결과 정상적인 노화 과정에서는 뇌세포가 크게 줄어들지 않는다고 한다(〈중앙일보〉 2011.2.11). 이외에도 연구자들은 뇌가 계속 성장할 뿐만 아니라 중년의 뇌가 20대의 뇌보다 뛰어나다는 증거를 찾아내고 있다.

노화는 지속적이고 매우 복잡한 과정이며 일률적이지도 않다. 사람들은 각각 다르게 늙는다. 어떤 이는 다른 사람보다 빨리 늙기도 하고, 때로는 다르게 늙는다. 나이가 들어가는 과정에서 환경과의 상호작용 및 상호작용 방법에 따른 단계적인 변화를 겪기 때문이다. 어떤 변화들은 다른 변화들보다 먼저 일어나기도 하고, 성별이나 기타 하위문화요인에 따라 차이가 나기도 한다.

노화와 함께 발생하는 변화는 생물물리학적 변화와 사회적·심리적 변화의 범주로 나뉜다. 생물물리학적 변화는 감각과 지능의 변화, 역동성과 신체적 힘의 감소, 외모의 변화, 세포의 노화와 소멸을 의미한다.

오감은 어떻게 변화할까?

예를 들면 나이가 들수록 청각이 쇠퇴하므로 실버층과 대화할 때에는 크고 낮은 톤의 소리를 사용하는 것이 좋다. 시각적으로는 세리프체(자획 끝부분에 돌출선이 있는 글자나 숫자로 시안성이 뛰어나다. 보통 명조체로 불린다.)와 흑백의 명확한 대조를 이루도록 디자인하는 것이 좋다.

미각의 민감성이 감소하므로 식품 회사나 식당업자들은 많은 양념과 향을 사용하여야 한다. 후각이 연기나 천연가스를 잘 감지하지 못하므로 이를 노년층에게 경고할 수 있는 제품의 개발도 중요하다.

따뜻하고 차가운 자극에 대한 민감성이 쇠퇴하게 되면서 통증 자극에 대한 민감성 또한 감소하게 되므로 안전에 각별히 유의하여야 한다. 또한 자극에 대한 기민함이나 근력이 감소하고 팔과 몸통 길이가 줄어들며 골반 너비와 코 너비가 늘어난다.

노화가 일어남에 따라 유기체는 질병에 더 취약해지며, 자가 치유력을 유지하는 데 큰 어려움을 겪게 된다. 노화는 다양한 질병의 발생과 관련이 있는데, 대부분 만성적인 것이다. 신체적 한계를 초래하는 주요 만성적 질병은 관절염, 고혈압, 청력 감소, 심장 질환 등이다. 65세 이상 노년층의 다섯 명 중 한명이 위의 장애를 지니고 있지만, 이는 움직이고 생산적인 삶을 살 수 있는 능력을 손상시킬 정도는 아니다.

사회 속 달라진 모습

노화의 또 다른 유형은 사회적인 변화인데, 이는 개인이 다른 사람들의 눈에 비추어지는 것뿐만 아니라 정신적으로도 단계적 전환을 경험한다는 것을 의미한다. 예를 들면 퇴직은 사회적으로 노년의 시작을 의미하는 신호이며, 손주가 탄생해 할아버지·

할머니가 된다는 것도 비슷한 사회적 암시를 지닌다.

노년에 있어 이렇게 사회적으로 지정된 변화들은 사회적 네트워크의 축소나 사회 활동 참가 감소와 같은 개인의 사회적 환경에서의 변화들을 동반한다. 은퇴나 배우자 사망으로 사회적 네트워크가 감소하면 심리적으로 위축되는 변화를 겪게 된다.

실버층들의 공통적인 특성 중 하나는 설득이 용이하다는 것이다. 노인에 관한 연구들은 노인은 매우 순종적이라는 일관된 결과를 보여주는데, 이것은 노인들이 경험하는 사회적 고립에 의해 더 잘 설명된다.

또 다른 특성은 노인들은 폐쇄적인 마인드를 갖고 있다는 것이다. Kalish(1982)는 그의 연구에서 사람들은 연령이 증가함에 따라 사회성이 감소하고 조심스러워지며, 덜 충동적이고 더 엄해지며, 위험을 더 많이 지각한다고 언급하였다.

하지만 위 과정들이 모든 사람에게 적용되는 것은 아니다. 그랜드마 모지스(Grandma Moses)는 100세에도 여전히 화가로 활동하였고, 노벨문학상을 수상한 조지 버나드 쇼(George Bernard Shaw)는 90세에 희곡을 썼으며, 조지 솔티(George Solti)경은 83세에 시카고 심포니 오케스트라를 지휘하였다. 그리고 조니 켈리(Johnny Kelly)는 1992년 84세에 61번째 보스톤 마라톤(26.2 마일)에서 5시간 58분으로 완주하였다. 이런 사례로 미루어 볼 때 이제 노년층 능력에 대한 잘못된 편견을 바꾸어야 한다.

통계청의 '2013년 고령자 통계'에 따르면 올해 총 인구에서 65세 이상 고령자가 차지하는 비율이 12.2%로 매년 빠르게 증가하고 있는 것으로 나타났다. 관련 통계가 시작된 1960년 2.9%에 불과하던 고령자 비율은 급속도로 증가해 2020년 15.7%, 2030년에는 24.3%에 달할 것으로 예측된다.

고령화에 따라 기업도 실버층 고용에 적극적이어야 한다. 왜냐하면 다양한 연령으로 직원을 구성하는 것은 기업에게도 이익이 되기 때문이다. 다양한 연령층이 활발히 정보와 지식을 교류하는 기업은 아이디어를 성공적으로 상품화하는 비율이 20%에 달한다고 한다. 이는 반대의 기업보다 2배나 높은 것이다. 현재의 심각한 저출산이나 앞서 언급된 인구 통계적 상황과 관련해 노년층의 풍부한 경험과 전문적 지식을 적극적으로 활용하고 그들을 경제 활동의 구성원으로 받아들여야 한다.

내 나이는 비밀이에요

10월에는 여러 축제가 있지만 필자의 전공과 관련된 '노인의 날'은 사뭇 그 의미가 크다. 특히 요즘 사회 이슈가 되고 있는 노령연금과 관련해서는 노인의 나이가 핵심이다.

공적 측면에서 노인의 나이는 기준이 법령에 따라 다양하다. 노인복지법에는 65세, 국민연금법에는 60세로 규정한다. 반면 고령자고용촉진법 시행령에는 55세 이상을 고령자로, 50~55세 미만을 준 고령자로 정의한다. 이처럼 노인 연령 기준은 들쑥날쑥해 한마디로 정의하기는 쉽지 않다. 일반적으로는 65세로 인식하지만, 사회 일각에서는 70세로 하자는 의견을 냈다.

한편 우리나라 사람들이 생각하는 노인의 나이에 대해서는 연령이 높을수록 노인의 기준점이 되는 나이가 높았다. 20대는 70세를, 30대는 71.8세, 40대는 72.2세를, 50대는 73.8세를 노인(뉴스토마토, 2013.10.1)이라고 인식하고 있는데, 전체 평균은 71.9세다. 그러나 미국 버니스 뉴가튼 교수는 '75세까지는 아직 노인이 아니다'라는 의견을 펼치기도 했다.

인지 연령을 노려라!

　노년층을 대상으로 한 민간 실버산업은 실제 연령을 기준으로 전략을 수립하면 실패하기 쉽다. 대부분의 노인들은 자신이 나이보다 젊다고 느끼고 있으며, 대개 30~39세 사이로 느낀다는 연구결과도 있다. 기업들은 60세 노년층을 대상으로 제품을 생산·판매한다. 하지만 이 소비자들이 그 나이보다 젊다고 생각하고 있다면 그 제품의 실제적인 판매는 어렵다.

　통상 자신의 실제 연령과 관계없이 스스로 지각하고 있는 연

실제 나이와 인지 나이의 격차(%)

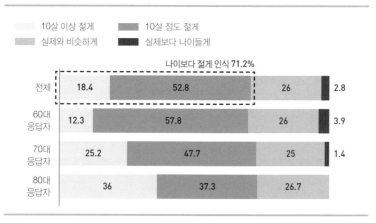

출처: 〈백세시대신문〉 2010.8.20

령을 '인지 연령'이라 한다. 조사에 의하면 노년층들은 일관되게 실제 나이보다 자신이 젊다고 답했다. 노년층들은 스스로 실제 나이보다 5~10세 이상 젊다고 여긴다는 보고도 있다. 일본에선 실제 나이에 0.7을 곱하는 나이 계산법이 등장했을 정도다.

이는 개인의 모든 행동에 기준이 되므로, 노년층들의 실제 연령보다 인지 연령이 노년층의 구매행동을 더 잘 예측할 수 있게 한다. 특히 패션상품 등의 구매에 인지 연령이 많은 영향을 미치는 것으로 나타난다. 실버비즈니스에 있어서는 실제연령보다 인지연령이 더 유효한 개념으로 인식되고 있는 것이다.

연구결과에 의하면 스스로를 실제 연령보다 더 젊다고 인지하는 경향은 남녀 동일했다. 또 실제연령보다 젊다고 느끼는 노년층은 일반적으로 삶에 더 만족했으며, 젊게 느끼는 여성들이 자기 확신이 높다는 연구결과도 있다. 그러나 실버층의 이 같은 측면을 간과한 겉핥기식 전략을 수립해 실패한 사례가 많다.

예를 들면 타이어로 유명한 일본 회사 브리지스톤은 골프 용품도 제작하고 있는데, 2년 전 단카이 세대를 겨냥한 신제품 골프채인 '파이즈(phyz)'를 출시했다. 파이즈는 기존 제품보다 근력 및 유연성을 더한 노인 전용 제품으로 기획했기에 은퇴한 단카이 세대의 호응을 예상했지만 판매는 저조했다. 업체 관계자는 이에 대해 "인지 연령이 실제 연령보다 10세나 젊은 60대에게 시니어 전용 상품을 들이대는 건 금기에 가깝다"고 지적했다.

아르바이트 포털 알바천국은 2013년 10월 2일 노인의 날을 맞아 파인드잡과 공동으로 20대 이상 전국 남녀 2,274명을 대상으로 〈고령자 은퇴시점과 아르바이트 현황〉을 조사했다. 대부분의 사람들은 은퇴하기 가장 적절한 나이를 64.5세로 답했다. 또 은퇴 시점에 대한 생각은 나이가 많을수록 은퇴시점을 늦게 생각하는 것으로 나타났다. 은퇴하기 가장 적절한 나이로는 20대가 62.8세로 60대 초반이라고 답했고, 30대는 64.5세, 40대 65세, 50대 65.7세로 연령이 높을수록 은퇴 나이가 많은 것으로 나타났다. 이들이 생각하는 평균 은퇴 연령은 64.5세였다.
통계청은 〈2013년 고령자 통계발표〉를 기반해 지금 추세라면 한국은 2060년 인구의 40%가 65세 이상 고령자로 채워질 것으로 예상했다. 실버산업 내 기업들이 목표를 달성하기 위해서는 이 같은 이론적 측면을 고려해야 한다.

노년층을 대상으로 횡횡하는 사기 판매

노년층이 사용하는 상품이나 서비스 구입과 관련한 사기 피해 뉴스가 심심치 않게 들린다. 구체적 사례를 검색해 보면 안타깝기 그지없다. 이제 대안을 생각해야 할 시점이다.

얼마 전 방송에서 노인들의 사기 판매에 관련된 상황을 방영했는데, 피해를 본 대부분의 노년층이 거래에 아무 문제가 없었다고 답했으며, 본인들에게 친절하게 대해줬다며 오히려 사기꾼들을 두둔하는 경우도 있었다.

현재 우리의 부모 부양 문화는 급격히 변화하여 노인 가구의 절반은 자녀 없이 살고 있다. 특히 급격한 고령화로 인해 현재 노년층들 대부분이 필요한 제품이나 서비스를 직접 구매 후 소비하는 비중이 점차 커지고 있다.

이에 따라 경로당 등 특정 장소에서의 판매나 방문판매, 통신판매, 다단계판매 등 일부 판매 사업자들은 판단력이 낮은 노인들에게 사기적이고 기만적 방법으로 각종 일상용품이나 건강보조식품, 전기·전자제품 등을 판매하여 경제적으로 취약한 노인들에게 물질적, 정신적으로 많은 피해를 입히고 있다. 대금지불과 관련해 가족 간 불화를 야기하거나 사금융 등에도 손을 벌리는 심각한 상황에 이르게 된 경우도 있다.

왜 감언이설에 넘어갈까?

왜 피해를 본 노년층들이 이들 판매인들을 오히려 두둔하고 고마워하는 것일까? 그 이유는 매우 간단하다. 인간의 욕구 중에는 소속과 인정의 욕구가 있다. 이러한 욕구를 충족시켜 주었기 때문이다.

어제가 오늘이고 오늘이 어제인 듯 하루하루가 똑같은 노인들에게 누군가 관심을 가져주고, 즐겁게 해 주며 이야기를 들어 주는 것만으로도 노인들에겐 본능을 충족시키는 충분한 조건이 된다. 제품이나 서비스는 이를 충족하는 매개가 된다.

이웃나라인 일본에서 노인들의 고독 절도가 급증하고 있다는 기사를 본 적이 있다. 이 보도에 따르면 2009년 절도혐의로 체포 입건된 65세 이상 고령자만 2만 7,019명으로 19년 연속 상승, 사상 최고를 기록했다는 것이다. 이들이 도둑질을 한 가장 큰 이유는 '고독'으로 4명 중 1명이 외로움 때문에 물건을 훔친 것으로 밝혀져 눈길을 끈다.

경찰청이 절도 용의자를 대상으로 절도이유를 복수로 조사한 결과 청소년들은 게임하는 것 같은 느낌(27%), 단순히 돈이나 물건이 필요했기 때문(23%)인 반면, 노년층은 외로움(24%)이 가장 많았으며 돈이 없어서(20%)가 그 뒤를 이었다.

앞의 사례들을 보면 결국 문제들은 노인의 고독과 관련된 것으로 결론을 지을 수 있다. 따라서 공적으로 이를 해결하기 위한 세심한 제도적 마련이 필요하며, 실버비즈니스 측면에서도 고독과 외로움을 해결할 수 있는 사업에서 시장기회를 발견하면 좋은 결과를 얻을 수 있을 것이다.

소개하자면 사기성 거래는 유의 사항만 잘 지켜도 일정부분 피할 수 있다. 즉 상품에 이상이 있거나 반품을 해야 할 경우를 대비하여 판매자의 상호, 주소, 전화번호, 가격이 명시된 계약서를 반드시 받아야 한다. 또한 충동구매의 경우 구입 후 14일 이내에는 항상 반품 또는 계약해지가 가능함을 기억해야 한다.

이를 위해 사회적으로 가족들이나 노년층들에게 이러한 정보를 적극적으로 홍보해야 한다. 이와 함께 노인소비자의 경우 피해발생시 혼자 해결할 능력이 부족하므로, 상품구입과 관련해 문제가 발생하면 가족에게 알리거나 또는 즉각 소비자보호 기관과 상담하도록 하는 것이 효과적이다. 이에 대한 홍보 또한 이뤄져야 할 것이다.

한편, 노년층의 설득과 관련된 이론을 살펴보면 노년층들
은 일반적으로 보다 쉽게 설득당하며, 특히 광고 메시지에 쉽
게 현혹되는 것으로 밝혀졌다. 미국 버지니아 대학의 솔더스
(Salthouse) 교수는 고령화됨에 따라 정보처리자원이 감소하고,
반박주장 사용을 포함한 심도있는 메시지 능력이 떨어진다고 했
다. 이는 나이가 듦에 따라 광고 메시지를 더 잘 받아들인다는 것
을 설명해 준다.

실버마케팅 전략

 베이비부머를 공략하라

실버산업을 전공하면서 가장 많이 받는 질문 중 하나는 "노인들을 대상으로 사업을 한다는데 그게 가능한가요?"이다.

실버세대들을 돈 없고 힘도 떨어져 질병으로 고통받는 존재로 생각하는 사람에게는 노인을 대상으로 영리를 취한다는 것 자체부터 부정적인 일이 된다. 이런 시각을 가진 이들이 적지 않다는 것은 우리사회의 실버세대 이미지를 단적으로 나타낸다.

과거에도 실버세대는 존재했고 현재에도 존재한다. 그럼에도 불구하고 요즈음 이들을 대상으로 하는 실버산업의 출현에 많은 사람들이 왜 관심을 갖는지 살펴볼 필요가 있다. 왜냐하면 실버산업은 우리 경제의 한 축을 담당할 차세대 성장동력이 될 수 있기 때문이다.

이들은 이전 세대와 다르다

현재 실버산업의 대상은 베이비부머들이다. 이들은 전후세대로 국가마다 약간씩 출생 기간의 차이가 있지만, 우리나라는 1955년부터 1963년에 출생한 세대로 급속한 인구증가의 원인이 된 계층이다.

이제 이들이 은퇴 시점을 맞아 노인인구의 급증을 예고하고 있다. 또 전 세계적으로도 실버인구는 증가하고, 보유재산도 선진국을 중심으로 꾸준히 커지고 있다. 이런 사실 때문에 기업들은 이 시장에 관심을 갖는다. 이는 이 시장의 절대적 크기가 증가하고, 구매력 역시 확대되고 있다는 것을 의미한다.

이들은 기존 실버세대와 전혀 다른 성향을 갖고 있다. 보다 교육수준이 높고 변화에 능동적이며, 독립된 소비주체로 그들만의 라이프스타일을 가지고 있다. 게다가 기존 실버세대와는 달리 스스로 노후를 위해 돈을 사용하고자 하는 가치관을 가지고 있으며 구매력이 있으므로 본인의 욕구나 라이프스타일에 적합한 제품이나 서비스를 당연히 요구하게 된다. 따라서 실버산업의 출현은 필연적이다.

그럼 이들의 특성을 살펴보자. 실버세대 인구는 720만 명으로 전체인구의 14.6%를 차지한다. 급속한 경제성장, 민주화 운동, 외환위기 등의 시기를 지낸 소위 '낀 세대'며, 2011년부터 본격 은퇴를 시작했다. 이들의 가계 자산에서 부동산 비중은 82.4%로 금융자산보다 훨씬 많으며 주택소유 비율도 74%로 높다.

한편 베이비부머 대다수는 여전히 일을 갖고 있는데 남성의 76.9%가 경제활동 중이며 '은퇴는 새로운 인생의 시작'이라는 가치관을 지니고 있다. 한편 이들의 가족생활 주기는 전 실버세대와 매우 다르다. 이들은 평균 24.95세에 결혼했고 자녀는 평균 1.92명으로 부모세대의 3분의 1 수준이다.

부부끼리 생활하는 시간은 19.4년으로 이전 세대에 비해 14배가 길고, 건강상태는 고혈압이나 관절염 등 신체질환을 34% 앓고 있었으며, 다양한 사회모임에 참여하고 있었는데 그 중 동창모임의 참여율(55.8%)이 가장 높았고, 자원봉사나 지역사회 모임 등 사회활동에도 참가하고 있다. 또한 베이비부머는 친척이나 형제·자매보다 친구와의 관계가 더 긴밀한 것으로 나타났으며, 공동체의 이익을 개인의 이익보다 앞세우는 경향도 보인다.

이밖에 88%가 자신을 중산층으로 인식하고 있으며 스스로 늙었다고 안주하기보다 '아직 젊고 기회가 많다'는 긍정적 생각을 가지고 미래를 위해 끊임없이 노력하고 있는 것으로 조사됐다. 이들 베이비부머의 41.5%가 자신의 삶에 행복하다고 했으며, 절반(49%) 정도는 자신이 베이비붐 세대에 속하는 사실도 모르고 있다.

앞으로 실버세대로 편입되는 노년층 수는 더욱 더 증가해 시장은 더욱 커질 것이며 이에 따라 실버산업 내 기업들은 활발한 활동을 수행하게 될 것이다. 기업은 위에서 살펴본 바와 같이 과거 노년층과 다른 베이비부머 세대의 특성을 기준으로 이들의 욕구나 필요에 대해 계속적으로 주시 관찰해 이에 적합한 제품이나 서비스를 생산해야 한다.

또한 기존산업에 속한 기업들도 현재 사업과 관련한 제품이나 서비스를 수정이나 보완, 개선함으로서 이 시장을 공략할 수 있는 기회를 획득할 수 있으리라 기대한다. 왜냐하면 실버층 시장은 기존시장에 속한 소비자들의 변화에 의해 나타난 시장이기 때문이다.

실버 시장 들여다보기

　실버산업은 보통 주거산업, 여가산업, 의료산업, 금융산업, 기타 제품 및 서비스로 구분한다. 각 산업에 따라 실버소비자는 다양하다. 예를 들어 돋보기는 노화로 인한 시력 감퇴로 사용하는 제품이므로 의료 산업과 관련된 제품이다. 그런데 돋보기를 사용하는 연령층은 대개 40대 이상이므로 돋보기를 생산하는 기업에서는 40대 이상 연령층이 실버소비자가 되는 것이다.

　최근에는 과거의 노년층과 다른 라이프스타일의 베이비부머가 실버층에 편입되면서 이 시장에 대한 관심은 더욱 증가하고 있다. 그들의 욕구를 충족시키기 위해서는 정부의 정책과 기업 측면에서의 활동이 필수적이라 할 수 있다. 특히 우리나라는 고령화의 속도가 세계에서 그 유래를 찾을 수 없을 정도로 빠르기 때문에 실버 산업의 중요성은 더욱 부각된다.

각 나라의 베이비부머를 알아보자

　베이비부머는 전후에 태어난 세대로 국가마다 다른데 우리나라는 1955년에서 1964년 사이에 태어난 712만 명(전체 인구의

14.6%)으로, 이들의 토지 소유 비중은 42% 건물 비중은 58%이다. 7,700만 명에 이르는 미국의 베이비부머(1946~1964년생)는 미국 소비 시장의 주역으로서 미국 인구의 30%를 차지하며, 그 중 54% 이상이 연 10만 달러 이상의 소득을 거두고 있다. 이들이 보유한 구매력은 1조 7,000억 달러 규모로 평가되고 있다.

일본에서도 베이비부머에 해당하는 1947~1949년생인 단카이세대(團塊世代:흙덩이처럼 뭉쳐져 사회 전반에 새로운 현상을 일으키고 영향을 미친다는 뜻)는 680만 명(전체 인구의 5%)으로, 1인당 저축은 17만 달러, 퇴직금도 18만 달러에 이르며 전체 구매력은 6,580억 달러이다.

소비자의 범위는 그들을 위해 구매하는 사람들까지도 포함한다. 실버 소비자들은 자신을 위해 구매하거나 다른 사람(손주 등)을 위해 구매할 수도 있다. 혹은 다른 사람(자녀 등)에 의해 제공받을 때도 있다. 실버시장이란 이러한 구매자들을 전부 포함하는 개념이다. 이렇게 구매자와 소비자가 일치하지 않는 경우가 빈번하다는 것이 특징이다.

실버산업을 어떻게 정의하느냐에 따라 실버시장 규모는 달라진다. 지금까지 국내 실버산업은 단순히 몸이 불편한 노년을 위해 제품을 생산하는 수준이었지만 최근에는 건강한 노년층을 대

나라별 베이비 부머 조사

한국 베이비 부머(1955~63년생)
- 816만 명, 전체 인구의 16.8%
- 베이붐 세대의 토지 보유 비중은 42%, 건물 비중 58%
- 주식 보유 비중 20%

미국 베이비 부머(1946~64년생)
- 7,700만 명, 미국 전체 인구의 30%
- 1인당 평균 자산 86만 달러 평균 수명 76세
- 주식 보유 비중 30%

일본 '단카이' 세대(1947~49년생)
- 680만 명, 일본 전체 인구의 5%
- 1인당 금융 자산 1,868만 엔
- 주식 보유 비중 7%

캐나다 베이비 부머(1946~65년생)
- 전 인구의 3분의 1
- 캐나다 부(富)의 45%를 소유

EU 베이비 부머(1945~75년생)
- 2050년, 유럽에서 60세 이상의 인구 수는 전체 인구의 40%, 노동 연령 인구의 60%로 두 배로 추정
  - 독일: 22.9%(2000), 30%(2020), 41%(2050)
  - 벨기에: 22.1%(2000), 30%(2020), 38%(2050)
  - 덴마크: 19.9%(2000), 28%(2020), 36%(2050)
  - 프랑스: 20.7%(2000), 29%(2020), 38%(2050)
- 영국의 경우 국가의 부의 80% 차지

호주 베이비 부머(1946~66년생)
- 전 인구의 23%(약 559만 명)
- 55세 이상의 인구가 호주 전체 자산의 1/3을 보유

상으로 주거, 의료, 금융, 여가, 각종 제품 및 서비스 분야와 관련하여 다양하게 개발되고 있다. 따라서 실버 시장을 대상으로 활동하는 마케터들은 실버층의 욕구와 필요를 이해하고 자사의 마케팅 활동과 부합하는 시장을 선택하여야 한다.

실버제품은 누구에게 판매되는가

일전에 이동통신사 KTF의 광고 중 실버층 부부가 타지에 있는 자식들에게 '우리는 아~무것도 필요없다'라는 반어법 멘트를 구사한 것이 인기를 끌었던 적이 있다. 이 광고에서는 실버층이 제품 사용자이지만 구매자는 자식이다. 과거에는 실버층이 사용하는 제품이 자식이나 친지, 친구, 지인에 의해 구매가 이뤄졌지만 현재는 실버층 자신이 구매하는 비율이 증가하고 있다.

실버 고객 중 실제 구매를 하는 고객은 여성이 70.6%로 남성(29.4%)보다 두 배 이상 많은 비중을 차지하고 있다. 특히 남녀에 따라 소비 성향은 전혀 다른 것으로 나타났다. 50세 이상의 남성은 골프를 비롯한 레저, 아웃도어 등 여가 생활에 필요한 용품을 주로 구입하는 데 반해 여성은 신선 식품, 의류 및 생활 가전과 같은 다채로운 상품을 구입하며 쇼핑 그 자체를 취미로 인식하는 경향이 강하게 나타났다(DMC미디어, 2010.9).

제품은 필요한 사람에게 적절한 시간과 장소에서 편리하게 구매되어야 한다. 아울러 유통 비용을 절감하는 전략이 강구되어야 한다. 실버층이 급증하고 또한 실버층 1인 가구도 증가하는 현 시점에서 기업이 아무리 욕구를 충족시켜주는 제품을 생산했다고 하더라도 그것을 합리적으로 실버층에게 전달해 줄 유통 전략이 수립되지 않으면 곤란하다.

집에서 구매가 가능하게 할 것인가 혹은 집근처 소매상이나 유통 업체를 이용하게 할 것인가는 실버층 개인적 특성이나 제품과 서비스의 특성에 따라 결정될 수 있다. 대다수 기업이 '실버층은 병약하고 의존적이다'는 고정관념을 가지고 있는데, 대부분의 실버층들은 한두 가지 만성 질환을 제외하면 전체적으로 건강한 상태이다. 따라서 유통업체는 편견을 버리고 실버층소비자가 편리하게 상품을 구매할 수 있는 환경조성에 힘써야 할 것이다.

이전에 방문한 일본 편의점에서 실버용품 코너가 따로 마련되

눈에 잘 띄는 곳에 배치한 실버용품 코너(일본)

어 있는 것을 보았는데 눈에 띄는 곳에 물건을 전시하고 큰 글씨로 제품 정보를 제공하는 등 많은 배려를 해 놓은 것이 인상깊었다. 구매를 위해 장거리 이동을 싫어하는 실버층의 특성을 배려한 판매 전략인데 우리나라 또한 이러한 전략이 상당히 유효할 것으로 생각한다.

택배가 왔어요!

실버층들은 집에서 쇼핑을 하는 경우도 많다. 가장 중요한 이유는 편의성인데, 쇼핑할 시간이 없거나 건강상의 문제가 있거나 이동 수단이 적절하지 못해서이다. 따라서 홈쇼핑이나 우편 판매, 온라인 판매를 이용하여 제품을 자주 구매하게 되는데 이런 과정에서 불편 요인이 발생하게 된다. 즉 생각한 것과 다르다거나 파손되어 반품해야 할 경우, 환불이 늦게 이루어질 경우에는 구매 자체를 자제하는 상황으로 번질 수 있다. 기업들은 이에 대한 해결책을 미리 수립해야 할 것이다.

편의성 때문에 홈쇼핑 이용도 많지만, 여전히 직접 방문을 통한 점포 이용도 많다. 실버층들은 대부분 제품을 구매하기 위해서 자주 점포를 방문하는데 이는 시간을 보내기가 편해서이며, 쇼핑이 세상에 참여하는 기회라고 생각하기 때문이다.

점포 이용 대다수가 편의성을 중시했는데 젊은이들은 시간이 부족하여 편의에 가치를 두는 반면, 실버층들은 그들의 신체적 한계 및 이동의 어려움으로 물리적 근접성에 가치를 두는 경향을 보인다.

실버층들은 점포에서 구매하는 동안 쇼핑의 즐거움을 경험하는데 이것은 구매한 제품의 유형과는 무관하다. 실버층이 구매 시 가장 좋아하지 않는 것은 바로 줄을 서서 기다리는 것이다. 그것은 실버층의 생물물리학적 변화에 의한 것이기도 하다.

따라서 실버층을 대상으로 활동하는 기업이나 개인들은 제공하는 제품이나 서비스에 적합한 판매 전략을 선택하여야 하는데, 실버층의 생물물리학적 측면이나 심리적인 측면 혹은 사회적 측면도 고려해야 한다.

실버층을 위한 제품과 서비스는 특별하다?

　실버산업에 대한 관심이 커질수록 "어떤 제품을 생산해서 판매해야 할까요?"라는 질문을 많이 받는다. 실버층을 위해 무언가 새로운 제품을 개발하는 것이 당연하다고 생각해 이런 질문을 하는 것이다.

　물론 실버층들은 노화로 인해 일상생활에서 많은 불편함과 어려움에 직면한다. 실버 박람회를 가보지 않아도 우리 주위에는 흔하게 볼 수 있는 실버층을 위한 다양한 제품이 존재한다. 예를 들면 지팡이, 보행기, 전동차 등은 보행이 불편한 정도에 따라 개발된 제품이라고 볼 수 있다. 또한 효도 신발이라 하여 가볍고 보행하기에 편리한 기능성 신발도 흔히 볼 수 있다.

　생물학적 변화는 사회적 변화를 야기할 수 있으며 결국 심리에까지 영향을 미친다. 변화가 상호작용을 하는 것이다. 즉 잘 걷지 못하게 되면 사회적 활동이 많이 제한되며 심리적으로 위축감을 느끼게 된다. 따라서 위와 같은 제품은 꼭 필요하다고 할 수 있다.

실버는 건강하다

그러나 알아두어야 할 것이 있다. 대부분 실버층들이 노화로 인해 불편함이나 어려움을 겪게 되지만 모든 제품을 이들에게 적합하도록 신제품을 개발하거나 개선, 수정할 필요는 없다. 기존 제품들의 사용이 어려워 특수 제작된 용품들을 필요로 하는 실버층은 생각보다 적기 때문이다. 어려운 문제를 생각해서 푸는 능력과 신속·정확하고 유연하게 움직일 수 있는 신체 기능들은 나이가 들어가면서 퇴화하기는 하지만 70대에 이르기 전에는 그 정도가 사회적 활동을 방해할 수준은 아니다.

또한 많은 사람들이 80대에 이르러서도 심각한 신체적 제한을 경험하지 않을 수도 있다. 일본 아사히신문과 우리나라 신문 그리고 CNN에도 소개된 사례가 있다(조선일보, 2014.1.17). 세계 수영 기록을 11개 보유한 99세 할머니의 이야기다.

할머니는 난생 처음 동네 수영장에 나간 것이 80세 때였고, 87세 때부터 세계 대회에 출전하여 90세에 은메달, 95세에 배영 첫 세계기록, 95~99세에 체급의 최강자로 군림하고 있다.

꽃무늬 수영복 차림 할머니가 수영장 한편에서 포즈를 취하는 것이 싱그럽게 보인다. 이처럼 정상적인 노화는 사회와 기업, 개

99세에 세계 수영 기록 11개를 보유한
나가오카 미에코 할머니

인들이 의도적으로 실버층을 다르게 취급해야 할 만큼 신체적
능력을 감소시키지는 않는다.

우리는 가끔 실버 시장(50세 이상)의 모든 사람이 85세 이상
노인들처럼 행동한다고 생각한다. 그와 같은 상황을 피하기 위
해서는 사람들이 무의식적으로 제품이나 서비스의 유형에 따라
실버시장의 크기와 특성을 다르게 정의한다는 것에 주목할 필요
가 있다. 예를 들면 우리가 미래의 레저 서비스 수요에 대해 말할
때는 긍정적이고 활동적이며 건강한 노인을 연상한다. 반면에
주거시설, 식품, 건강 관련 서비스에 대해 듣는다면 독립적인 생
활을 할 수 없는 병든 노인을 생각하게 된다.

알아두어야 할 지침

따라서 실버 소비자들을 위한 제품개발은 그들의 변화하는 특성을 충분히 고려하여 이뤄져야 한다. 예를 들면 실버층들이 기민함이나 근육강도의 상실과 아울러 자주 발생하는 관절염 등 생물학적인 변화를 잘 수용할 수 있도록 제품이나 소매시설에 변화가 있어야 한다.

즉, 포장이나 용기디자인의 형태를 쉽게 열 수 있게 바꾸고, 소매점포에서 자동출입문을 설치하거나, 의류에 있어서도 신체변화에 따라 실버층의 수요를 충족시키는 적절한 치수나 형태, 또는 아랫부분을 더 여유있게 하는 디자인이 이뤄져야 한다.

2014년 6월 부산실버박람회
실버여성의류 전시품

자주 듣는 질문은 "이런 제품 수정이 그만큼의 가치가 있습니까?" 하는 것이다. 과학적인 연구없이 제품수정 이후의 판매 영향을 측정하는 것은 쉽지 않다. 대략 다음의 두 가지 가이드라인이 우선 제안될 수 있다. 첫째, 그러한 변화에 많은 비용이 들지 않아야한다. 두 번째, 그러한 변화가 실버층만이 사용하는 것으로 낙인을 찍거나 독립성을 상실하는 것을 의미해서는 안된다. 그것은 젊은 사람과 실버층 모두에게 기능적이어야 한다. 예를 들어 용기 모양을 더 쥐기 쉽게 바꾼다면 악력이 약한 노인 뿐만 아니라 젊은 사람에게도 유익하다.

또한 실버층을 위해 제품을 수정하는 효과적인 전략은 보다 젊은 연령 집단을 대상으로 그 기능성과 제품이 주는 의미를 테스트해 보는 것이 중요하다. 만약 젊은 사람들이 그것을 좋아하면 실버층들은 그러한 변화를 훨씬 더 좋아할 가능성이 크다.

게이오 백화점에서 배우는 성공 실버 비즈니스

2014년 1월 일본으로 실버산업과 관련된 주거 및 각종 시설 탐방을 했다. 그 중 게이오 백화점(京王百貨店) 탐방도 스케줄에 포함되어 있었다. 이 백화점은 8층에 시니어 전용 매장을 두어 의료 기기부터 옷, 신발 등 실버 상품을 판매하며 식당가도 운영하고 있다.

우선 지하에 있는 식품 매장은 별다른 차이점이 없이 여느 백화점과 유사하였다. 널찍한 승강기를 타고 실버층을 대상으로한 제품이 전시되어 있는 8층으로 갔다. 한쪽 코너는 몸이 불편한 노년층을 위한 곳으로 우리가 실버용품 전문 매장에서 익히보았던 여러 제품이 진열되어 있었다. 같은 층의 다른 코너는 건강한 노년층을 위한 건강 제품이나 의류 등이 전시 및 판매되고 있었다. 여성복을 판매하는 4층으로 걸음을 옮겼는데 승강기에서 내리자마자 복도 옆 벽면에 실버층을 위해 많은 의자를 놓아둔 것이 보였다.

매장 안으로 들어가면서 깜짝 놀란 것은 매장에 있는 대부분 점원들도 나이가 지긋해 보였다는 점이다. '정말 소문대로 실버층을 위한 백화점이구나'하는 생각이 들었다. 백화점에서 이들

이 차지하는 매출이 70%라는 것으로 보아 확실히 실버층들의
구매력을 실감할 수 있었다.

시장 규모가 무려 1,000조

현재 일본은 65세 이상이 25.1%인 3,197만 명인 초고령 사회
로 이들을 겨냥한 실버산업의 규모도 점점 커지고 있다. 최근 일
본 내 조사에 따르면 만 60세 이상 노년층을 대상으로 한 산업의
시장 규모는 100조 엔(약 1,000조 원)으로 나타났다. 부양의 대
상으로 연금이나 타서 근근이 살아가는 노인네들이 아니라 그
자체로 거대한 소비 시장을 형성한 세대가 된 것이다.

현재 우리나라의 유통업계에서도 실버층에 대한 관심이 점점
부각되고 있다. 롯데백화점은 2013년 한 해 동안 50대 이상 고객
이 전체 고객 중 차지하는 비율이 23%이며, 구매한 금액은 전체
의 31%로 집계하였다. 고객 1인당 지출 금액도 20~40대 고객보
다 30% 가량 많은 것으로 조사되었는데, 중장년층은 갈수록 더
젊은 상품을 원하고 패션 변화에도 민감하다고 한다.
현대백화점에서도 이들의 구매력이 늘어나고 있는 것이 관찰

된다. 올해 50대 이상 고객의 매출 비중은 38%이며, 평균 구매액도 20대보다 25%, 30대보다 6% 가량 많았다. 백화점 관계자는 "중장년층은 시간적 여유와 안정된 경제력으로 고가의 신제품도 적극적으로 사들이는 유통업계의 큰손"이라고 표현했다. AK플라자에서도 2012~2013년 50대 이상의 매출액이 20%씩 증가했다.

대형마트와 편의점에서도 50~60대가 주요 고객층으로 떠올랐다. 이마트는 2013년 중장년층 매출 비중이 28%로 전년에 비해 1% 증가했고, 고객 1인당 평균 매입액을 뜻하는 객단가도 50대는 16만 8천원에서 17만 9천원, 60대는 13만 4천원에서 14만 5천원으로 증가했다.

다른 연령대의 객단가가 모두 감소했다는 것을 보면 50~60대 고객의 매출 증가에는 큰 의미가 있다. 편의점 GS25의 경우에도 중장년층 매출 구성비가 2011년에는 20%였으나, 2012년과 2013년에는 각각 25%로 조사되었다(〈연합뉴스〉 2014.3.23).

진열부터 응대까지 세심한 점검이 필요하다

실버층이 많아진다는 것은 그만큼 실버시장을 구성하는 소비자가 많아졌다는 것을 의미한다. 따라서 이들을 점포 방문으로 이끌어 상품을 구매하게끔 하는 것이 당연한 전략이다. 지금 거대하게 떠오르는 시장을 외면한다면 기업의 생존도 장담하기 어렵다. 따라서 기업은 실버 시장과 자사와의 관련성을 면밀히 파악하여 이 시장을 선점 및 공략할 수 있는 마케팅 전략을 수립해야만 한다.

그러나 문제는 한국의 경우 실버층의 매출액 증가에 따른 업체의 전략 변화가 미비하다는 것이다. 예를 들면 소매점의 계단 등 이동에 어려움을 주는 시설이 많다. 매장 내 쉴 곳을 마련해야 하며, 진열대 글씨나 가격 표시도 실버층이 알아볼 수 있는 크기로 적당한 위치에 놓여야 한다.

제품도 너무 높거나 낮게 진열하지 않아야 하며, 판매원이 다양한 질문에 정확하게 응대하고 제품에 관해서도 이해하기 쉽게 설명하도록 교육해야 한다. 제품의 위치를 정확히 알려주고 선반에 있는 경우 내려주는 것도 필요하다. 이렇듯 다각도로 실버층을 위한 전략이 선행된다면 좋은 결과를 기대할 수 있을 것이다.

실버층 고객을 위한 유통업체 전략

- 직원에게 노화와 관련되어 발생하는 생물학적, 심리학적 변화와 실
 버층 소비자의 욕구와 능력, 취약점에 대한 교육

- 직원에게 실버 고객을 예의바르고 인내심을 가지고 대하도록 훈련
 할 것

- 제품의 위치를 알려주고 선반에 있는 경우 내려 줄 것

- 가격표를 읽기 쉽게 제작하고 제품의 장단점을 설명해 줄 수 있는
 자료 배치

- 실버 고객이 쉴 수 있도록 상점 곳곳에 의자와 벤치 설치

- 적당한 수의 현금 전용 계산대, 배달 서비스를 제공

- 환불 보증, 무료 제품 회수 및 교환 제도 등 위험 절감 전략을 제공

누구의 지갑을 열 것인가

최근 신문 기사 중 〈시간적 여유·경제력·젊은 취향이 '과감한 소비' 요인(연합뉴스, 2014.3.23)〉이라는 제목이 눈에 들어왔다. 앞서 말한 것처럼 50~60대 중장년층이 시간적 여유와 안정된 경제력을 바탕으로 유통업계의 큰 손으로 부상하고 있다는 것이다. 젊은 취향을 가진 이들은 두둑한 지갑을 풀면서 과감한 소비를 하고 있다. 내집 장만에 육아로 빠듯한 살림을 하는 젊은 사람들에 비해 더 많이 지출하는 것도 특징이다.

따라서 유통업체마다 이들의 매출로 인해 전체 매출이 증가하고 있다. 그러나 '이들 유통업체들이 이들을 주 고객으로 삼기 위해 전략을 수립하고 있는가?'라고 질문하면 '아니다' 라는 대답이 돌아온다.

마케팅 전략을 배워라

일본에서 '실버층의 거리'로 이름난 스가모를 예로 들어보자. 내가 방문했을 때에도 실버층들이 눈에 많이 뜨였는데, 거리 양쪽으로 문을 연 점포는 의류나 가방, 안경, 액세서리, 차, 과자, 반

노년층을 위해 큰 글씨와 모델을 사용하였다.

찬 등 일상용품과 먹거리가 대부분이었다. 우선 의류 점포 쪽으로 다가갔을 때 가장 먼저 눈에 뜨인 것은 가격표였다. 알아보기 쉽게 크게 써 붙여 실버 고객을 배려했음이 느껴졌다.

점포 안으로 들어가니 점원 3명 모두 중장년층으로 보였다. 그냥 나오기가 뭣하여 의류 한 점을 구입하였는데 그 점원들은 우리가 외국인인 것을 알고 예쁘게 포장을 해 주며 연신 고맙다는 표현을 하였다. 반찬 가게는 많은 손님으로 혼잡하였는데 대부분 역사가 오래된 곳으로, 점포마다 시식거리를 제공하여 맛을 볼 수 있게 하였다. 중간 중간 찻집이나 식당이 있어 쇼핑하다가 피곤하거나 배가 고플 때 이용할 수 있었다.

반대로 우리나라를 보자. 서울의 고속버스 터미널을 지나가던 중 한 옷가게에서 두 할머니들이 쇼핑을 하는 것이 눈에 띄었다. 그 점포에서 파는 옷들은 보통 젊은이들을 위한 것이었다. 호기심에 지켜보니 자신의 연령대보다 훨씬 젊은 옷가지를 들고 가격표를 눈에 바짝 대는 모습이 보였다. 점원들은 이런 불편을 모르는 듯 했다. 일본과는 큰 차이가 느껴졌다.

일본은 세계에서 65세 이상 노인 인구의 비율, 즉 고령화율(22.7%, 2009년)이 가장 높은 나라 중 하나다. 특히 75세 이상의 비율(10.8%)은 단연 세계 최고다. 100세 이상의 초장수 노인도 4만 4,449명(2010년)에 달한다. 최근 수년간 년 약 4,000명씩 증가해 왔는데 머지않아 년 5,000명을 웃도는 속도로 증가할 전망이다.

이러한 노인인구의 증가추세에 발맞춰 일본시장도 변화하고 있다. 특히 일본의 대형슈퍼를 비롯한 유통업체들은 도심 속 편의점에 눈을 돌리고 변화를 시도하고 있는데, 가장 큰 이유는 거동이 불편한 노인들이 쉽게 이용 가능하다는 장점 때문이다. 슈퍼에 가서 장을 보는 번거로움과 요리를 하는 과정, 남은 음식 걱정까지 편의점의 간편식으로 해결할 수 있다. 알맞은 양에 가격까지 저렴해 '편의점은 비싸다'는 노인들의 고정관념은 서서히 깨지고 있다.

편의점은 독거노인은 물론 노부모를 모시고 사는 고령 자녀들에게도 인기다. 독거노인들의 경우에는 위험한 가스를 사용할 필요가 없다는 것에 큰 점수를 주며, 노부모와 함께 사는 이들에게는 장을 보기 위해 집을 비워야 하는 불편함을 줄여준다.

편의점의 편리함에 새삼 눈을 뜨고 있는 일본 노인들은 "집 옆에서 24시간 불을 켜고 있는 편의점이 이렇게 이름값을 할 줄은 몰랐다"며 즐거워한다. 편의점과 마트를 결합한 형태의 점포 '로손 스토어 100'도 성공 사례. 여기서는 무엇이든 소량으로 포장해 100엔에 판다. 샌드위치 1조각, 계란 4개가 모두 100엔이다.

독일에서는 시니어 세대와 가족을 겨냥한 서비스를 제공하는 슈퍼마켓이 인기가 높다. 시니어를 위한 슈퍼마켓, '에데카 50플러스'는 철저한 시장 조사를 바탕으로 은퇴자 비율이 높은 지역을 중심으로 설립되고 있다.

시니어 고객이 자신의 집처럼 편안한 느낌을 갖도록 꾸민 밝고 넓은 매장을 비롯해 진열대 선반은 최대 높이 1.6M에 불과하고,

바닥에는 미끄럼 방지제를 사용했으며 큰 가격표를 부착하는 등 매장 곳곳에서 시니어를 배려했다.

판매 제품도 편리 식품과 지역 상품에 주력하고, 독립해서 사는 노년층을 위해 소형 포장 상품의 비중을 상대적으로 높였다. 이에 따라 다른 수퍼마켓에 비해 통조림과 조제 식품 종류가 특히 많다. 당뇨나 환자용 제품, 유기농 식품, 다이어트 식품과 애완동물 관련 상품을 매장 중심에 배치하고 있다.

또 50세 이상의 고객 편의를 높이기 위해 주변 은퇴자 아파트와 보호 시설에서 무료 셔틀버스를 운영하고, 택시 콜 서비스도 제공하고 있다. 종업원들에게는 비상사태를 대비한 응급 처치 교육도 정기적으로 실시하고 있다. 이러한 노력 덕분에 시니어 고객들의 전폭적인 지지를 받으며 체인점이 꾸준히 늘고 있다.

실버층의 구매 행동은 제품이나 서비스에 따라 쇼핑 빈도, 구매 습관, 점포 선택 기준, 점포 선호도가 매우 다양하다. 따라서 유통업체나 개인사업자들은 실버 소비자의 구매 행동과 관련된 요인들을 주목해야 한다.

주의할 점은 젊은이들과 비교하여 무조건적인 차별화 정책을 세워서는 안 된다는 것이다. 많은 경우 실버층은 젊은이들과 유사한 생활 습관을 가지고 있고 비슷한 방식으로 소매업체를 평가하기 때문이다. 실버층들의 구매 행동은 가족 규모의 감소 및 각 인생 단계에서 직면하는 환경적 요인들로 인해 다르게 나타나므로 유통업체는 이런 취약점을 보충할 수 있도록 해야 한다.

시장을 어떻게 세분할까?

실버층을 대상으로 기업이 변화하는 환경 속에서 생존하기 위해서는 그 핵심수단인 실버마케팅 전략을 수립해야 한다. 이는 환경을 분석하고 실버 소비자 및 실버 시장을 이해해 기업의 방향을 정하는 것을 의미한다. 전략이 수립된 후에는 전략을 달성하기 위한 구체적인 마케팅 프로그램 즉 제품전략, 가격전략, 촉진전략, 유통전략이 개발되어야 한다.

욕구를 파악해 시장을 나눠라

실버마케팅 전략은 다시 시장세분화, 표적시장선정, 포지셔닝 전략의 세부분으로 나눌 수 있다. 시장이란 유사한 욕구를 가진 사용자들의 집단이다. 이때 시장은 다른 욕구를 가진 세분시장 혹은 세분집단들로 구성된다. 예를 들면 실버층 의류시장은 남자실버의류 시장과 여자실버의류 시장으로 세분화된다. 다시 여자실버의류 시장은 유행선호 집단, 선물용 구매자 집단, 보수적 집단 등의 시장으로 나눌 수 있다.

분류가 명확하지 않는 경우도 있으나 모든 시장은 수많은 세분화된 시장으로 구성되어 있다. 따라서 시장세분화란 특정 시장 내에서 서로 다른 제품이나 마케팅 프로그램으로 접근할 수 있는 서로 다른 사용자 집단을 확인하는 과정이라 할 수 있다.

실버 시장을 나누어 각 집단마다 독특한 제품이나 메시지로 접근하려는 아이디어는 이제 실버마케팅 이론의 핵심이 되고 있다. LG경영연구원의 조사(2013.10.28)에 의하면, 고령자 집단은 60대와 70대 이상으로 분리되며, 곧 고령세대로 접어들 50대 중 고령자까지 여기에 포함할 수 있다.

연령대별, 소득수준별로 나누어 소비패턴을 살펴보면 50대와 60대, 70세 이상은 각 연령대별로 약간씩 상이한 소비패턴을 보인다. 특히 70세 이상 후기 고령자 집단의 소비패턴이 다른 세대와 뚜렷한 차이를 보인다. 해외여행, 자동차 구입 등과 같이 고소득일수록 지출 비중이 높아지는 품목군과 애완동식물 관련, 건강기능식품 등 저소득일수록 지출비중이 높아지는 품목군(고령세대의 경우), 소득 수준에 별로 영향 받지 않는 품목군 등 품목의 성격에 따라 서로 다른 패턴이 나타난다.

이런 분석을 통해 고령 소비자들을 통합하여 보기보다는 세분화하여 볼 필요성을 확인할 수 있다. 고령세대는 연령 및 소득수준별로 상당한 차이를 보인다. 고령자들의 소득 수준에 따라 소비 패턴이 달라지는 것을 감안해 볼 때, 상품군에 따라 시장 접근 방법의 차별화가 필요하다.

이러한 점을 본다면 고령자 대상 소비시장을 접근하는 데 있어 고소득 계층만을 타깃으로 한 제품 및 서비스를 기획하기보다는, 저소득 계층에서 소구하는 품목들에 대해서도 면밀히 관찰하여 이들을 위한 시장을 발굴하고 대응할 필요성도 높은 것으로 판단된다.

바꿔서 제공할 것인가, 그대로 제공할 것인가

넓은 의미의 실버산업에서 활동(기업의 제품이나 서비스의 대상고객 중 실버소비자가 포함되는)하는 기업의 경우, 중요한 의사결정은 '기업이 제공하는 제품이나 서비스를 실버소비자들에게 적합하게 제공하느냐 아니면 기존의 제품이나 서비스를 그대로 제공하느냐'는 것이다.

만약 실버소비자에게 적합하게 접근한다면 그에 따른 비용과 노력이 발생한다. 물론 실버소비자 입장에서는 자신에게 적합한 제품이나 서비스가 제공되므로 구매량이나 빈도는 늘어날 것이다.

기업은 이때 발생하는 비용과 매출 증대에 따른 수익을 비교하여 수익이 더 클 경우 실버 시장에 적합한 마케팅프로그램을 개발하게 된다. 즉 실버 시장을 하나의 세분시장으로 볼 것인가 여부를 결정해야 한다.

이때는 실버 시장 자체가 특정욕구만 나타내는 세분시장으로 구성되는지의 여부를 파악하여야 한다. 만약 세분시장으로 나눠진다면 기업의 활동도 실버시장 내에서 세분시장별로 다르게 수행되어져야 한다.

예를 들어 일본의 JTB, HIS 등 여행사들은 걷는 거리를 최소화하고 개인별 휴식일정을 세분화한 노인 맞춤형 상품을 출시하고 있으며, 일부 업체의 경우 고령층의 체험욕구 충족을 위해 역사능력 검정시험, 스키능력 검정시험을 시행하고 있다.

따라서 기업의 입장에서는 먼저 모든 실버층을 일정 나이 이상 하나의 시장으로 볼 것인가 아니면 실버소비자들의 다양성을 고려하여 시장을 더 세분화할 것인가를 결정해야 한다.

마케터가 흔히 저지르는 실수

대다수의 마케터는 일반적으로 실버 소비자 시장에 대한 자신들의 이해와 가정을 바탕으로 의사결정을 한다. 마케터들이 종종 전략을 개발할 때 공통적으로 저지르는 실수 중 한 가지는 노인들에 대한 획일화된 프로파일을 사용하는 것이다. 예를 들면 일반적인 노인에 대한 고정관념인 '건강이 나쁘고, 사회적으로 고립되었고, 로맨스나 모험에 대한 관심이 부족하다' 등이다.

물론 노인들이 이 범주에 드는 것은 사실이나 실제로는 이 범주에 들지 않는 노인도 다수이다. 실버소비자들은 실제로 외모나 행동, 사고가 서로 다른 집단으로 구성되어 있으므로 노인에 대한 일반화는 부적절하다.

실버소비자 시장이 동일한 시장이 아니라고 보는 마케터들은 어떻게 시장을 세분화하여야 하는가라는 문제에 직면하게 된다. 보통 나이와 같은 객관적인 기준이 세분화 기준으로 주로 이용되나 이러한 객관적인 기준은 많은 경우 효과적이지 못하다는 연구결과가 나와 있다.

왜냐하면 그러한 기준(50세 이상, 55~64, 65~74, 75세 이상의 인구그룹)에 의해 구성된 실버세분시장이 마케팅 전략에 다른 반응을 보이지 않는 것으로 나타나기 때문이다. 각 세분시장을 구성하는 실버층들은 마케팅 활동을 인지하거나 반응하는 방법이 각기 다르다.

포지셔닝 방법 11가지

　포지셔닝(positioning)은 시장 내에서 자사의 제품/서비스를 경쟁기업들의 제품/서비스와 차별화시키는 작업이다. 포지셔닝은 마케팅전략 개발에 있어서 가장 중요한 문제가 되고 있다. 수많은 제품 및 서비스에서 경쟁 상품들이 과잉공급되고 있기 때문이다. 때문에 여러 미디어를 통한 다양한 형태의 촉진활동이 넘쳐나게 되었다.

　그러나 현실적으로 이러한 모든 정보를 기억할 수 있는 사람은 없다. 대부분의 사람들은 일부분만을 기억할 뿐이다. 여기서는 노년층 소비자의 마음속에 제품이나 서비스를 포지셔닝하는 일반적인 방법을 살펴보고자 한다.

1. 안락함에 초점을 맞춘다

　노후생활의 꿈을 단적으로 표현할 때 우리는 '안락한 노후생활'이라는 말을 자주 한다. 그만큼 안락함은 나이가 들어감에 따라 우선적으로 추구되는 가치이다. 젊었을 때에는 모양이나 색상과 같은 외양에 많은 관심을 기울이지만 나이가 들면 들수록 안락함과 편리함을 찾는다.

이에 초점을 맞춘 예를 혼다자동차의 미국 판매 전략에서 찾을 수 있다. 혼다자동차는 광고에 50대 부부를 등장시켜 '편리함과 안락함이 제공되는 자동차'라는 이미지를 심어주었다.

안락함은 또한 심리적인 측면과 기술적인 측면에서도 제공할 수 있다. 미국의 한 전자회사는 노령인구를 대상으로 하는 전자제품의 설치와 사용법 설명에 나이 많은 사람들을 고용함으로써 노령의 고객들이 자사의 제품에 대하여 보다 편안함을 느낄 수 있도록 배려하고 있다.

2. 안전함을 판다

노인들이 안락함 못지않게 추구하는 것은 안전이다. 육체적인 활동성의 저하로 많은 위험에 노출되어 있는 노인들은 다소 비싸더라도 보다 안전한 것을 찾는다. 자동차도 대형을 선호하는 경향이 있는데, 실제로 미국 내 캐딜락(제너럴 모터스에서 판매하는 최고급 승용차)소유주의 평균연령이 57세라는 사실은 이를 단적으로 보여준다.

건물의 경우 이러한 요구는 안전장치에 대한 수요로, 건강에서는 건강유지프로그램에 대한 수요로 이어진다. 우리나라의 경우 일반적으로 보험상품이 이를 대변한다고 할 수 있다.

3. 편리함을 제공한다

집에 있는 가전제품의 다양한 기능을 완벽하게 알고 있는 사람은 그리 많지 않을 것이다. 대부분 단순한 작동법만 알고 있을 뿐, 사용설명서에서 제공하는 기능을 한번도 사용해 보지 못한다. 이러한 현상은 실버층에게 있어서 더욱 두드러진다. 이들은 다양한 기능보다는 쉽고 편리한 기능을 선호한다.

샤프는 자사제품의 고객특성을 조사하던 중, 65세 이상의 노인들에게는 자사의 전자레인지가 사용하기에 너무나 복잡하다는 점을 발견하였다. 이에 초점을 맞추어 샤프는 반복적으로 자주 사용하는 메뉴를 프로그램으로 내장하여 한 번의 조작으로 간단히 사용할 수 있도록 하였다.

또한 미국의 한 제약회사는 노인들이 시간에 맞추어 약을 복용하는 일이 쉽지 않음에 착안하여 시계가 부착된 약통을 개발하였다. 약통에 부착된 시계는 바로 직전에 약을 복용한 시간을 표시함으로써 노인들이 정확한 시간에 맞추어 약을 복용하도록 하였다. 이러한 편리성을 가진 제품이 여타의 제품들보다 노령층의 고객들에게 선호된다는 점을 충분히 짐작할 수 있다.

4. 목적의식을 돋운다

'황혼기'라는 표현은 얼마 남지 않은 노인들의 여생을 표현하기 위해 자주 사용되는 말이다. 그러나 젊은 사람들이 그렇게 생각할 뿐 정작 실버층은 자신의 인생이 얼마 남지 않았다는 것과 그로 인해 사회에서 아무런 쓸모도 없다는 생각을 단호히 거부한다. 그들은 끊임없이 사회에서 유용한 존재로 남아 있고자 하며 자신의 생활을 젊은 사람들 못지않게 가꾸려는 욕구를 가지고 있다.

이러한 지적 자극과 사회적 유용성에 대한 욕구는 노인들을 위한 재교육 프로그램에 참여시킨다. 이들은 자신의 건재함을 입증하기 위하여 자발적인 봉사프로그램에 등록하기도 한다.

5. 사회적 연계에 주목한다

노인들이 고립된 생활을 선호하는가, 또는 사회와 연계된 삶을 추구하는가의 여부는 적지 않은 논란거리가 되어왔지만 최근의 연구에 따르면 노인들은 고립된 삶보다는 더불어 사는 삶을 선호하는 것으로 나타났다. 특히 가깝게 지내던 사람의 죽음을 경험한 경우 이러한 경향이 한층 심해져 이를 메워줄 수 있는 새로운 사회적 관계를 만들어 나간다고 한다.

이러한 필요성에 근거하여 미국에서는 노인들에게 교류의 장을 마련해주는 사업이 있고, 일본에서는 최근 가족 역할을 해주는 사업이 성업중이라고 한다. 물론 상업적인 만남의 장이 노인들이 바라는 사회와 연계된 삶을 전적으로 보장해 주기란 쉽지 않겠지만 노인들의 고립감과 외로움을 어느 정도 덜어줄 수 있다. 이처럼 더불어 사는 삶에 대한 욕구는 지속적으로 증대되리라 예상된다.

6. 향수를 자극한다

나이가 들어갈수록 단기 기억력은 감퇴하지만 오랜 추억에 대

한 기억은 돋아나기 마련이다. 그래서 많은 실버층은 새로운 것
보다는 옛날의 흔적을 찾아볼 수 있는 것에 친근감을 느끼게 된
다. 따라서 이를 통한 접근은 훌륭한 마케팅 포지셔닝이 될 수 있
다. 미국에서 1950년대와 60년대의 흘러간 옛 노래를 담은 음반
이 발매 5달 만에 10만장이 넘게 팔려나간 것이 예가 될 수 있다.

모든 소비자가 새로운 것만 찾는 것은 아니다. 젊은이들에게
는 기능이나 디자인 측면에서 아무런 감흥을 불러일으키지 못
하는 제품이 노인들에게는 향수를 불러일으킬 수 있으며, 이러
한 향수는 젊은이의 열정 못지않게 시장을 뜨겁게 달구는 요인
이 될 수 있다. 우리나라의 경우 공연계에서 노년층이 새로운 소
비계층으로 떠오르고 있는데 이는 노년층의 향수를 자극한 것이
주요인이다.

7. 신뢰감을 준다

페덱스는 신뢰성에 중점을 둔 기업이다. '제시간에 전 세계 도
착(The World On Time)'이라는 슬로건은 그들의 가치를 표현하
고 있다. 신뢰성에 포지셔닝한 또 다른 기업으로서 플로리다 전
력회사가 있다. 이 회사는 연 평균 80일 정도 폭풍우를 겪어 서비

스 공급에 차질이 있는 지역에서도 공급업체와 함께 신뢰성 있는 서비스 제공을 위해 노력한다. 회사 기술자들은 번개로 인한 피해방지를 위한 기기를 개발하며, 복구시간을 줄이기 위해서 전략적으로 직원들을 배치한다.

8. 신속하게 응답한다

현대해상화재의 광고 중 한밤중에 한적한 산 속에서 곤란을 겪고 있는 고객을 찾아가는 장면이 있었다. 언제, 어디서나 고객의 요구에 신속히 대응한다는 이미지를 심어주기 위한 것이었다.

포시즌호텔의 광고는 고객들의 독특한 요구에도 즉각적으로 반응하는 서비스 장면을 담고 있다. 한 광고에서는 밤사이에 레인코트 세탁을 원하는 손님의 모습을 보여주며 문구로 어떤 종류의 서비스든 신속하게 제공한다고 적혀 있다.

실버층은 구매 결정시 위험을 감소시키는 것을 중요시한다. 제품에 장기간의 보증기간이 있더라도 제품이 수리되기까지 오래 기다려야만 한다면 실버층들에게 어필하지 못할 것이다.

9. 확신을 준다

신뢰와 보증이 중요한 은행이나 보험회사들은 고객 확신을 구축하기 위해서 확신성을 바탕으로 하는 이미지를 자주 이용한다. 프루덴셜보험의 유명한 바위 심볼은 수 대에 걸쳐 자리를 지켰다는 이미지를 전달하고 있으며, 하나은행의 '든든한 은행, 든든한 동행'이라는 카피는 고객에게 신뢰감을 줄 수 있는 금융기관임을 강조하고 있다.

확신성은 또한 건강관리 서비스에서 매우 중요한 개념이다. 메이요 클리닉은 확신성을 콘셉트로 "여러분이 알고 있는 이름에 건강을 맡기십시오"라는 광고를 내보내기도 했다.

10. 공감하고 있는 것을 보여준다

고객 개개인의 욕구에 관심을 두고 있다는 것을 알려야 한다. 독일 항공사인 루프트한자(Lufthansa)는 다양한 문화권으로부터 온 다양한 고객들의 욕구를 충족시키려고 노력하는 기업으로 포지셔닝하였다.

예를 들어 광고에서 "오랫동안 전 세계 여행자들을 대하며 쌓은 경험으로 손님을 이해하겠습니다."라는 광고문안을 쓰거나 비행사와 어린이 간의 친밀하고 따뜻한 모습을 보여주기도 한다.

11. 유형성을 제시한다

알래스카항공(alaska airline)은 넓고 여유있는 좌석공간으로 서비스 품질을 포지셔닝하였다. 유형성은 리조트, 호텔, 레스토랑, 소매업체 등의 포지셔닝에 흔히 사용된다.

국내에서는 실버타운을 예로 들 수 있다. 홈페이지나 광고를 보면 다양한 공간을 멋지게 연출한 사진을 쉽게 볼 수 있다. 개인공간 뿐만 아니라 식당이나 여가활동을 즐길 수 있는 여가시설, 의료시설이나 입주민이 이용할 수 있는 에스테딕 룸이나 노래방, 외부인이 와서 묵을 수 있는 게스트 룸이 등장한다. 이는 쾌적한 주거시설이라는 유형성을 제시하는 것이라 하겠다.

02

SILVER MARKETING

실버 마켓을
잡아라!

고정관념부터 버려라

 성공하려면 이렇게!

　최근 매스컴을 통해 실버 세대를 대상으로 한 비즈니스가 빈번히 소개되고 있다. 이는 그만큼 기업들이 시장 선점을 위한 노력을 시작하고 있다는 의미이다. 특히 우리나라의 경우 실버 세대의 시장 규모가 베이비붐 세대를 포함해 1,200만 명으로 시간이 갈수록 규모가 커지고 있다. 따라서 기업들의 입장에서는 매우 매력적인 시장이다.

　기업들이 새로운 사업에 진출하기 위해서는 투자 대비 수익을 기대할 수 있느냐가 중요할 것이다. 과연 실버산업이 수익을 얻을 수 있을까? 각자 대답은 다를 것이다. 우리보다 먼저 진출한 해외 기업들의 활동을 살펴보면서 판단하기로 하자.

해외의 실버산업도 실버층의 욕구를 충족시키고자 하는 노력에서부터 시작되었다. 문제는 실버층의 욕구가 나라마다, 또 개인마다 다르다는 사실이다. 따라서 피상적으로 사업 모델을 모방한다면 실패할 수 있다. 기업들이 '실버시장은 돈이 된다'는 긍정적이고 피상적인 이미지만을 보고 사업 진출 결정을 한 경우, 엄청난 경제적 손실을 야기할 수도 있다.

특히 사업진출을 결정하는 최고경영자들의 경우 사업선택과 전략수립 단계에서 도움이 될 만한 체계적인 정보부족이 큰 걸림돌이다. 왜곡되거나 부적절한 데이터를 바탕으로 매우 다양한 시장으로 나눠져 있는 실버시장에 진출하면 절대로 성공할 수 없다.

예를 들면 10여 년 전, 일본업계는 실버산업의 성공을 목전에 둔 듯 부풀었다. 일본 가계 금융자산의 60%인 900조엔을 갖고 있는 단카이세대들이 은퇴를 앞두고 있기 때문이었다. 자산이 많은 그들이 은퇴하면 실버산업이 폭발적으로 성장하리라는 장밋빛 꿈을 꾸고 있었는데 결과는 참담했다. 은퇴자가 오히려 소비를 6% 줄인 것이다.

일본업계는 뒤늦게 그들의 소비패턴을 분석하기 시작했다. 그 결과 노인세대의 소비형태는 자산보유와 무관하며 현재 소득에 비례하고 있다는 사실을 알게 됐다. 모아둔 돈보다 가처분소득만 소비하고 있음을 확인하게 된 것이다(매일신문, 2013.11.30). 또한 독일 기업 피트에이지는 노인전용 휴대전화인 '카타리나'를 출시하여 업계의 주목을 끌었지만 2010년 파산했다. 늙는 것이 서러운 노인들에게 노인 전용 상품이라는 것을 지나치게 강조해 역효과를 본 것이다.

따라서 기업들이 실버 비즈니스에 성공하려면 우선 실버층에 대한 기본적인 이해나 정보가 필수다. 다음은 우리가 실버세대들을 대상으로 한 비즈니스 활동을 수행하고자 할 때 시장이나 실버층에 대해 얼마나 알고 있는지에 대한 질문이다. 독자들도 Moschis(1992)가 언급한 다음의 질문에 대해 '예' 혹은 '아니오'로 답해 보면서 이 시장에서의 자신의 성공여부를 판단해 보자.

1. 시장에서 특정 제품을 구매하는 행동과 실제 나이는 밀접한 관련이 있다. (예/아니오)
2. 오늘날 시장을 구성하는 실버층들은 활동적이고 건강하다. (예/아니오)
3. 오늘날 노년층들은 돈을 잘 쓴다. (예/아니오)

4. 노인이 사용하는 제품을 광고할 때 모델은 나이든 사람이 효과적이다. (예/아니오)

5. 노인들은 상품의 질보다 가격에 더 관심을 가진다. (예/아니오)

6. 노인들은 노인을 위해 특별하게 만들어진 제품과 서비스를 선택한다. (예/아니오)

7. 노인들은 기술적으로 보다 더 개발된 제품과 서비스를 싫어한다. (예/아니오)

8. 실버층들은 젊은이들만큼 신용카드로 물건을 사지 않을 것이다. (예/아니오)

위 항목에서 '예'라고 답한 숫자가 많을수록 중대한 실수를 저지를 가능성이 크다. 위 질문들은 대부분 잘못된 것으로 '예'라고 답했을 경우, 실버층에 대한 편견이나 고정관념을 가지고 있다고 할 수 있다. 다시 말하면 위 질문 중 연령에 따라 시장을 세분화하는 것은 당연하지만 현실적으로는 실제연령이 실버층 구매행동에 영향을 미치지 않으며, 노인들이 돈을 가지고 있다는 것이 그것을 소비할 의향을 의미하지는 않는다.

또한 실버층을 위해 특별히 제작된 용품들을 사용하는 실버층은 극히 일부분이며, 이들은 노인모델과 자신과 관련지어지는 것을 싫어하는 것으로 나타났다.

따라서 현재 가장 유망한 시장인 실버시장에서 성공적 사업을 영위하기 위해서는 우선 실버층이나 실버시장에 대해 기본적인 정보를 철저히 조사·분석하고 구체적으로 상황파악을 하는 것이 필수적이다. 이와 함께 이론적 접근도 우선해야 한다.

만약 담당자가 실버층에 대해 가지고 있는 고정관념과 이론 간의 차이를 발견한다면 고정관념을 빨리 버려야 한다. 정확한 정보에 근거한 의사결정이 이뤄질 때만 기업이나 개인사업자가 원하는 목표를 달성할 수 있다.

이런 생각은 독이 된다

현재 여러 산업분야의 기업들이 인구 통계적 변화에 대응하여 관련 시장에 진출하고 있다. 그 중 실버 시장은 낙관적인 기대에 비해 실버 소비자들에 대한 이해가 부족하고 관련 자료도 미비하다. 마케터가 효율적인 전략을 수립하기 위해서는 소비자의 유용성을 충분히 검증할 만한 정보가 있어야 한다. 여기서는 일반적으로 알려져 있는 실버 소비자에 대한 잘못된 이미지와 반례를 들어보고자 한다.

실버층은 새로운 것에 대한 시도를 꺼린다

얼마 전 TV에서 방영된 〈꽃보다 할배〉라는 여행 프로그램은 '평균 나이 76세, 넷이 합쳐 302세 할배들의 해외여행'이라는 독특한 콘셉트로 방송 내내 화제가 되었다. 이전에는 연령이 높아질수록 해외여행은 무리라고 생각했지만 방송에서 생각보다 훨씬 활동적으로 여행하는 연예인의 모습이 비춰지며 이를 따라 실버층의 해외여행도 크게 늘어났다.

실버층들이 신제품에 거부감을 가지고 있고 하이테크 제품 사용에 미숙하다는 것은 젊은층을 중심으로 돌아가는 사회에서 생긴 편견일 뿐이다. 사회에서 연장자는 존경의 대상인 동시에 노화한 사람, 신식을 습득하지 못하는 사람이라는 부정적 의미 또한 내포하고 있기 때문이다.

그러나 100세 시대에 여전히 경제적 활동을 하는 실버층이 증가하면서 실버층의 정치·경제적 힘이 증가했고 이러한 선입견을 무너뜨리는 현실적이고 새로운 이미지가 생겨나고 있다. 〈꽃보다 할배〉에서 실버층이 더 이상 집에서 여생을 보내는 존재가 아니라, 모험을 즐기고 아직도 삶에 대한 열정을 가진 모습으로 그려진 것처럼 말이다.

실버층은 재무 상태가 나쁘다

미국에서 행해진 조사(Bristol-Myers,1988)에 의하면 미국인의 61%가 '대부분의 65세 이상의 노인들에게 돈이 부족한 것이 심각한 문제가 되고 있다'고 믿는 반면, 실제 65세 이상의 노인들 중 단지 27%가 '돈의 부족이 심각한 문제가 되고 있다'고 응답하였다. 우리나라 실버산업의 핵심인 베이비부머 세대들의 자산 보유 실태를 살펴보면 평균 총자산은 3억 3,000만 원(부동산 2억

4,700만 원, 금융자산 7,300만 원, 기타 1,000만 원)으로 전체가구 평균치(2억 7,000만 원)를 웃돈다.

실버층은 병약하다

나이가 들어갈수록 병약해진다고들 한다. 물론 오랜 시간 생활하다 보면 몸의 여러 부분이 병들고 약해질 수는 있다. 하지만 미국의 조사에 의하면 65~75세 사이에서 오직 10~15%만이 평균 이하의 건강을 가지고 있다고 한다. 노화는 질병과 싸우는 능력에 영향을 미치기 때문에 노화와 질병을 연관 짓는 경향이 있지만 대다수 노인들은 건강하다. 많은 노인들이 만성 질환을 앓고 있다고 해도 생활에 약간의 불편을 초래할 뿐 건강에 중대한 영향을 받지는 않는다.

실버층은 소외된 존재로 노인 시설에 수용된다

고정관념 속 노인의 모습은 좁고 어두운 방에서 울리지 않는 전화기를 바라보며 홀로 생활하는 것이다. 이런 고정관념과는

달리 65세 이상 실버층의 27.3%가 자녀와 살고 있고, 노인 단
독 가구(부부 및 독거)의 비중은 68.1%이다(한국보건사회연구
원,2011). 노화에 따라 그들의 사회적 연계가 감소되는 경향은
사실이다. 퇴직이나 배우자 상실, 자녀의 출가 등이 있는 가정 등
은 사회의 상호 작용에 대한 기회가 감소되지만 동창회나 종교
단체, 여가와 관련된 단체 가입 등으로 인해 시간이 갈수록 눈에
띄게 감소하지는 않는다.

실버층들은 쉽게 노망이 들고 성미가 까다롭다

치매 등의 질환은 실버층에게 주로 발생하지만 그것은 전체
노인으로 볼 때 소수에 해당한다. 보건복지부 통계에 의하면
2013년 57만 6,176명(전체 실버층의 9.39%)으로 조사된다(중앙
일보, 2014.6.19).

종종 권태와 우울증이 노망으로 여겨지기도 하지만 이는 의사
의 정확한 진단으로 치료될 수 있다. 성미가 까다로운 실버층들
의 이미지 또한 사실이 아니다. 이들은 대부분 관조적인 태도를
가지고 있으며 젊은이들이 노인보다 더 불평을 한다는 사실도
드러났다.

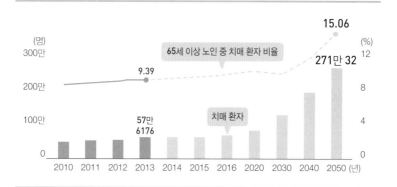

2010-2050 치매환자의 증가 추이

65세 이상 노인 중 치매 환자 비율

치매 환자

실버층들은 죽음을 두려워한다

오히려 젊은이들이 실버층보다 노화와 죽음에 대해 훨씬 더 많은 걱정을 한다. 연구 결과에 의하면 미국에서는 18~24세의 집단이 65세 이상의 노인들보다 2배나 더 죽음에 대해 걱정하고 있다(Kalish, 1985). 우리나라 노인 2,000명을 대상으로 연구한 결과 98%의 사람이 죽음을 생각해 보았으며 '편안하다', '담담하다'라고 생각하는 사람이 각각 15.3%, 54.1%로 나타났다. 즉 연령이 많아질수록 죽음을 의연하게 받아들이는 것이다.

노년기에는 개성이 감퇴되고 행복감과 성에 대한 욕구가 감소한다

개성은 시간이 지나도 지속되며, 그 중 많은 부분은 심지어 나이가 들수록 강화된다고 한다(Moschis,1992). 실버 시장 역시 일반 시장처럼 개성이 뚜렷한, 다르게 보고 생각하고 행동하는 사람들로 구성되어 있다. 사람들의 수명이 증가할수록 그들 간의 개성으로 인한 차이는 더 많이 생기게 된다. 18세 집단 시장의 유사성이 60세 집단 시장보다 더 높다.

기혼부부들의 삶에서 가장 행복한 순간들 중 일부는 노년기이다. 또한 성욕이 감소할 것이라는 선입견은 그들의 부모나 조부모가 성욕과는 무관할 것이라는 젊은이들로부터 나온다. 오히려 노년 성생활의 가장 큰 방해물은 파트너의 부재이다. 이와 관련된 영화로 〈죽어도 좋아(2002)〉가 있다.

물건을 고르는 기준은 무엇인가

　얼마 전 신문에 꽃노년들의 쇼핑 나이는 40대이며, 하이힐
과 스키니도 즐겨 구입한다는 내용의 기사가 실렸다(중앙일
보, 2014.1.7). 여기서 '꽃노년'은 60~75세 실버층을 이르는 것이
다. 이 기사는 롯데백화점이 고령 사회로 진입하는 현 상황에서
6075 소비자들을 상대로 한 조사를 기반으로 삼고 있다. 이전에
는 이들이 어떤 제품을 사고 어떤 브랜드를 선호하는지 체계적
인 조사 자료가 없었는데 롯데백화점의 CRM(고객관계관리)팀
이 6075세대 46만 명의 2013년 구매 패턴과 선호 브랜드를 최초
로 분석해 낸 것이다.

　6075고객 중 상위 20%의 구매 행태를 분석해봤더니 이들은
40대처럼 쇼핑하는 것으로 나타났다. 주로 사는 품목과 브랜드
를 토대로 이들의 '쇼핑나이'를 계산해봤더니 평균 43.8세인 것
으로 조사됐다. 소비력이 있는 6075세대는 노년층을 위한 제품
대신, 40대가 좋아하는 제품군과 브랜드를 집중적으로 구매한다
는 결론을 내릴 수 있다.
　참고로 상위 20%가 아닌 전체 6075 고객의 쇼핑 나이는 67.8
세로 조사됐다. 주민 등록 연령과 쇼핑 나이가 비슷한 것으로 상

쇼핑 나이, 실제나이와 달랐다

구분	성향	쇼핑 나이
6075 (GG세대)	- 젊어 보이는 외모 위해 고가 화장품 주로 구매 - 건강 위한 유기농 식품에 아낌없이 투자	**43.8**세
4050	- 젊어 보이는 패션 브랜드 주로 구매 - 화장품 등 외모에 관심이 높은 중년	**32.3**세

자료: 롯데백화점

위 20%의 쇼핑 나이와는 무려 24세나 차이가 난다.

롯데백화점은 자신의 나이보다 훨씬 젊게 쇼핑하는 이들 상위 20%의 6075고객을 'GG(Great Generation:산업화와 민주화를 동시에 이뤄낸 자랑스러운 세대라는 의미)고객'으로 명명했다.

이 기사의 핵심은 앞서 설명했던 명제인 '실제 나이와 시장에서의 구매 행동은 차이가 있다'는 것을 뒷받침한다. 흔히들 이야기하는 '마음은 청춘'이라는 구절과 같이 자기 실제 연령과는 상관없이 마음에 드는 제품을 구매하는 것을 잘 나타낸 조사라 볼 수 있다.

사람들은 실제 나이보다 더 젊게 느끼고 말하는 경향이 있는데 이는 노화의 진행을 거부하는 방어기제와, 노년에 대한 부정적인 견해의 반작용으로 볼 수 있다. "자신을 몇 살로 생각하십니까?"라는 질문에 40세에서 60세 사이의 남성과 여성의 80% 정도가 자신의 실제 나이보다 15년 정도 더 젊게 느낀다고 답한 것에 주목해야 한다.

이와 관련된 사례를 살펴보면 속옷 브랜드 와코루는 60대 여성을 위한 기능성 속옷 '그라피'의 매출이 줄어들 즈음, 광고 모델을 젊은 외국인 여성에서 단카이 세대 배우인 이토 유카리 씨로 바꿨다. 이토 씨는 이 광고에서 활기찬 댄스 동작을 보여주고 있다. 광고 카피에 '고령자', '시니어'란 말은 없다. 대신 "젊음은 아름다운 자세에서"란 간명한 문구를 넣었고 이후 매출은 급성장했다. 중년 여성을 암시하는 이미지로 동세대 여성들의 공감을 얻었다는 게 업계의 평가다(아시아투데이, 2013.1.6).

대부분의 마케팅 의사 결정이나 표적 시장 전략은 소비자들이 자신의 연령에 따라 기업에서 제공하는 제품이나 서비스에 대해 각기 다른 반응을 보인다는 이론을 근거로 하고 있다. 즉 마케터들은 각 집단이 서로 다른 제품이나 서비스를 필요로 한다는 가정 하에 시장을 세분하여 접근한다.

그러나 앞의 예는 실버층들이 실제적인 나이보다 '스스로를 어떻게 생각하는가'로 구매를 결정한다는 정보를 제공한다. 따라서 이에 대한 고려는 필수적이며, 실버층 내에서의 서로 다른 구매 행동을 이해해야 한다.

실버 금융산업

 새로운 금융상품이 나왔어요!

일전에 은행에 볼 일이 있어 창구를 찾은 적이 있다. 평소와는 다르게 창구에 나이가 들어 보이는 은행원이 일을 처리해 주고 있었다. 요즈음 한창 화자되고 있는 임금피크제의 한 경우인 것 같아 질문을 하였는데, 자신은 직급이 있는 위치이나 담당 직원들을 도와주는 것이라고 대답했다.

이런 저런 이야기 중에 그 은행의 은퇴 연령에 대해 물어보았다. 평균 53세라는 대답이 돌아왔다. 그 연령층이 가장 가정에서 돈을 많이 쓰는 시기인데 그렇게 되니 안타깝다는 소회도 털어놓았다. 내친김에 주위사람들의 은퇴 후 재취업이나 창업에 대해 질문하자 대개 '먹는 장사가 남는 장사'라는 말을 믿고 음식과 관련된 창업을 했다가 대부분 오래 버티지 못하고 사업을 접는 다고 이야기했다. 다행히 은행에서 규정에 의거한 임금피크제를 실시하여 앞으로 조금은 은퇴 시간을 벌었다는 것으로 이야기를 끝냈다.

2000년 들어 우리나라가 고령 사회가 되어감에 따라 실버산업에 대한 관심이 점점 커지고 있다. 그중 경제적인 면은 개인에게 가장 민감하고 중요한 부분이다. 그와 관련해 실버 금융산업은 다른 어떤 산업보다도 가장 먼저 실버층들을 대상으로 활동을 시작을 했다고 볼 수 있다.

사실 실버층은 나이도 많고, 직장도 없으며 돈도 없다는 고정 관념 때문에 그다지 조직의 목표 달성에 유리한 고객들은 아니었지만 실버층들이 증가하고 수명이 점점 연장됨에 따라 새로운 시장이 형성된 것이다. 따라서 금융업체들의 입장에서는 이들을 대상으로 한 새로운 상품개발이 필연적이 되었다.

좋은 물건은 판매로 이어진다

그전에 실버층에 대한 고정관념 중 하나인 '실버층은 소비를 즐기지 않는다'에 대해 심도있게 살펴볼 필요가 있다. 연구 자료에 의하면 실버층들은 자신들의 돈을 지키고 싶어한다. 그리고 제품과 서비스에 많은 욕구를 느끼지 않아 소비를 많이 하지 않는다.

또한 훨씬 오래 살게 된 반면, 퇴직은 이전보다 빨리 하게 되므로 금전적인 면에서 장기적인 노후대책을 마련해야 하고, 퇴직 이후에도 퇴직 전과 다름없는 라이프스타일을 유지하기를 원하기 때문에 소비 욕구를 자제하게 되며, 검소하고 돈을 아껴 쓴다는 결론이 나온다. 따라서 실버층들이 돈은 가지고 있다는 것이, 그것을 돈을 소비할 의향을 의미하지는 않는다는 것이다.

그러나 여기에서 간과한 실버층의 욕구와 관련하여 생각을 해볼 필요가 있다. 인간은 본능적으로 욕구를 충족하고자 한다. 이러한 욕구 충족과 관련된 제품이나 서비스 판매는 실버층들의 구매를 유도하는데 효과적이라 할 수 있다.

예를 들면 최근 실버층을 대상으로 판매되는 금융상품 중 자신이 세상을 떠난 뒤 20년간 손자 생일 때마다 50만~100만 원 씩 용돈 형식으로 지급하는 보험 상품이 교보생명에서 '교보손주사랑보험'이라는 명칭으로 판매되고 있다. 이는 할아버지, 할머니가 가진 손주에 대한 애정욕구를 파악하여 상품화한 것이라 볼 수 있다. 실버상품의 구매자와 사용자가 다른 예이다.

그리고 반려동물등록제(2013년 1월)에 따라 개, 고양이의 수술비, 통원치료비를 보장해 주는 보험 상품도 롯데손해보험에서 '롯데마이펫'으로 등장하였다. 이것은 65세 이상 1인 가구나 부부 가구로 이뤄진 가구 수가 전체 가구의 67.95%를 차지하고 있는 현황을 살펴볼 때 외로움이나 고독감에서 벗어나려는 욕구 즉 애정 욕구와 관련하여 개발된 상품이라고 볼 수 있겠다.

　　일본 미즈호은행에서도 교육비 증여 비과세 상품을 개발하여 조부모가 손주의 교육비를 대주면 증여세가 면제되는 금융상품을 판매하였는데 처음 출시될 때 예상보다 큰 판매고를 기록하였다.

고령층에 집중된 일본 금융자산

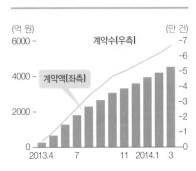

급증하는 일본 교육비 증여 비과세 상품

연령별 가계 금융자산 평균보유액(2인 이상 세대)
자료: 금융홍보중앙위원회 가계금융동행조사

자료: 투자신탁협회

앞으로 등장해야 할 금융상품은?

2000년 들어 탤런트 이순재씨가 등장하는 AIG생명의 실버 보험이 화재가 되었다 "띠릉, 띠릉" 울리는 전화벨 소리를 배경으로 '조건 없이 따지지 않고 가입이 가능하다'는 멘트가 실버층들에게 반향을 얻은 것이다. 이를 시작으로 실버 시장에 많은 금융 신상품이 등장했으며, 현재도 금융업체들은 다양한 상품을 가지고 활발한 활동을 하고 있다. 보험의 경우 기준이 되는 나이도 100세에서 110세로 점점 높아지고 있는 상황이다.

인간이 자기가 원하는 생활을 영위하기 위해서는 어느 정도 자금을 소유해야 하며, 자금원도 필요하다. 그러나 사회구조상 특정연령층이 되면 자금원이 없어지게 되는데 은퇴를 대비, 많은 금융상품들이 개발·판매되어 실버층들에게 재무적인 차원에서 준비할 수 있게끔 하고 있다.

이제까지 실버금융상품과 관련하여 살펴보면 자식이 부모님을 위해 구매하는 상품이 대부분이었고, 연령이 많아질수록 대개 보험이나 연금의 수령층이 되어 고객의 범위에 포함되지 않았던 경우가 대부분이었다.

그러나 수명이 증가함에 따라 연령이 많은 고객도 타깃이 되었다. 따라서 금융업체가 생존하고 성장 발전하기 위해서는 앞에서 든 예처럼 실버층들의 욕구에 부합되는 새로운 금융상품의 개발과 판매가 필수적이라 할 수 있다.

실버층들이 무조건 돈을 아끼는 것이 아니라 그들 욕구를 충족시키는 경우에는 구매한다는 것을 염두에 두고 상품을 기획하여야 한다. 또한 소비를 유도하는 보험상품의 판매에 그치는 것이 아니라 보유한 재산을 안정된 노후를 위해 설계하는 것을 돕는 것이 역시 100세시대에 필요한 금융상품이다.

은행의 생존 전략으로 거듭나다

베이비붐 세대(1955~1963년 출생자)의 은퇴가 본격화됨에 따라 은행들이 이들을 위한 다양한 금융상품을 개발·판매하고 있다. 은행마다 금융상품에 우대금리는 물론 재무상담 서비스 등 노후생활을 준비할 수 있도록 도와주는 서비스를 더한 특화 상품을 내놓고 있는 것이다.

실버 세대는 다른 세대보다 초기 가입 금액이 크고, 거래 실적이 꾸준하기 때문에 은행은 이 같은 특성을 반영해 실버 세대를 타깃으로 한 각종 예금 상품을 개발·판매하고 있다.

실버 전용상품의 가장 큰 특징은 50~60대 이상 가입자에게 풍성한 우대금리를 제공한다는 점인데 여기에 추가하여 기존 일반 상품에서 찾을 수 없는 실버 세대에 특화된 서비스가 포함돼 있다. 은퇴 설계 관련 재무 상담 서비스가 기본으로 제공될 뿐 아니라 장례와 상조 지원, 보이스피싱 보험 등 고령 고객들의 니즈에 맞춘 특별한 서비스들이 인기를 끌고 있다.

사실 실버층들은 돈을 불리기보다 지키려는 성향이 강해 은행 적금과 예금에 대한 충성도가 높다. 하나금융정보조사(2010.3.22)에 따르면 60대 이상 고객의 은행 거래 비중은 10.8%에 불과했지만, 예금 비중(21%)은 상대적으로 높아 다른 연령에 비해 자산 축적이 돼있음을 알 수 있다.

예를 들면 KB국민은행은 'KB골든라이프뱅킹' 서비스나 신한은행의 '신한 스마트 미래설계 시스템', 그리고 기업은행도 은퇴를 했거나 앞둔 만 50세 이상 고객을 위한 'IBK9988장수통장' 등 은행마다 다양한 상품을 판매하고 있다. 다양한 상품의 등장은 은행의 생존에 실버 전용 금융상품이 큰 영향을 미친다는 것을 의미한다.

일본 은행의 움직임을 주목하라

일본은 지난 2006년 선진 주요 국가 중 처음으로 전체 인구 대비 65세 이상 노인 인구의 비율이 20%이상을 차지하는 초고령 사회에 들어섰다. 세계 금융 위기에 따른 경기 침체로 투자의욕이 크게 떨어졌을 때, 일본 금융 기관들은 자국 금융 자산의 80%를 보유하고 있는 노년층의 휴면 계좌를 깨우기 위해 전력을 다했다.

수천만 명의 예금 고객을 유치하고 있는 일본 미쓰비시UFJ도쿄은행(The Bank of Tokyo-Mitsubishi UFJ, BTMU)은 고객 수

백 명을 초대해 전통 일본식 정원에서 반딧불 체험행사를 가졌다. 일상에서 쉽게 볼 수 없는 특별한 볼거리였던 만큼 고객들의 반응은 뜨거웠다. 이 행사에 초대된 고객들은 BTMU의 퀄리티 라이프 클럽의 회원들로 예금액이 1,000만 엔 이상인 넉넉한 노년층이다.

이같은 회원제를 운영하고 있는 은행은 BTMU뿐만이 아니다. 미쓰이스미토모은행(三井住友銀行)도 50세 이상 고객을 대상으로 'SMBC클럽 50s'를 운영하고 있다. 특히 일본의 미즈호은행(瑞穗銀行)은 '하트풀 프로젝트'라는 사업을 시행하고 있는데 노인들이 불편함 없이 은행을 이용하도록 하는 것이다. 이 은행은 2006년부터 독자적인 점포 개선 기준을 수립하여 실버층의 은행 이용에 영향을 주는 중점 개선 사항을 선정하였다.

즉 은행 입구의 자동문 설치, 계단차이의 해소, 통로 폭 정비, 시각 장애인 유도 설비, 휠체어 사용자용 주차장 설치, 휠체어에 적합한 엘리베이터 설치, 다기능 또는 휠체어 대응 화장실 설치, 시각장애인에 적합한 ATM설치 등이다.

추가적으로 필담용 화이트보드, 거래 내용을 그림 문자로 표시한 커뮤니케이션 보드 등을 배치했으며, 은행 웹사이트의 경우도 문자크기를 대, 중, 소 가운데 하나를 선택할 수 있도록 했고 시각장애인을 위한 음성 브라우저도 도입하였다.

　근래 은행들이 경쟁적으로 개점하였던 지점들을 통합하고 있다. 경쟁적으로 금융상품이 출시되고 젊은 경제 활동 인구가 예금저축에 충성도가 낮아진 환경이 주원인이다. 이제 금융 기관이 생존하기 위해서는 실버층 집단을 신 고객으로 창출하는 전략을 수립해야 한다.

　실제적으로 은행은 이들의 욕구를 충족시키기 위한 금융 상품 개발과 서비스에 많은 노력을 하고 있다. 실버층들은 대개 여유 시간이 많으며 사회와 연결되고자 하는 욕구도 강하기 때문에 은행에 직접적으로 방문하고자 하는 욕구가 크다. 은행에 방문하면 점원과의 상호작용이 가능하고 이것이 사회의 구성원임을 인식시켜주기 때문이다.이 점에 대해 큰 관심을 가져야 한다.

　따라서 금융기관들은 직원들을 대상으로 실버층에 대한 교육을 필수화해야 하며, 미즈호은행처럼 실버층의 생물물리적인 제한을 해결하기 위한 점포개선 등 하드웨어적인 측면도 꼭 고려해야만 한다.

금융상품이 실버층을 보호해야 한다

고령 사회를 맞이하여 대부분의 금융 기관들이 실버층을 위한 다양한 전용 상품 및 특화 서비스를 제공하고 있다. 적금 상품에 가입하면 건강검진 할인 혜택을 주는 것부터, 눈이 침침한 노인들을 위한 별도의 인터넷 홈페이지를 마련하기도 하고, 노인 전문 상담원까지 채용하는 시대가 된 것이다.

세심한 맞춤형 서비스 중 눈에 띄는 것이 전화 상담 센터의 변화다. 예전부터 인터넷에 익숙지 않은 노인들이 전화 상담을 많이 이용하지만 긴 대기 시간과 ARS 이용 때문에 불편을 호소하는 사례가 적지 않았다.

이에 노인 고객 전문 상담원이 말하는 속도와 발음의 정확도, 적절한 어휘 선택 등을 배워 장년층 고객을 응대하고 있으며, 60대 이상 회원이 가입할 때 등록한 휴대 전화로 걸면 별도의 절차 없이 상담원과 바로 통화할 수 있도록 하는 서비스도 제공되고 있다. 60세 이상 고객이 주민등록번호를 입력하면 더는 ARS 안내 없이 상담원에게 연결해 주기도 한다.

노인이나 저시력자를 위한 인터넷 홈페이지는 특히 계좌 번호나 보안카드 번호 등 헷갈리기 쉬운 숫자판을 크게 키우고 입력

창을 다른 색으로 꾸며 구분하기 쉽게 해 '돋보기 뱅킹'을 가능하게 했다. 또 복잡한 메뉴 구성 때문에 혼란스럽지 않도록 꼭 필요한 주요 기능만 넣었다.

실버층 금융상품의 명암

이와 같이 많은 금융기관들이 실버층 시장에 대해 큰 관심을 가지고 있는 반면, 이 시장 규모가 커지면서 실버층들을 노린 허위·과장 광고도 급증하고 있다. 한국소비자원에 접수된 60세 이상 소비자 피해상담 건수는 2008년에는 1,034건이었으나 2013년의 경우는 9월 당시 2만 3,000여 건으로 급속히 늘어났다. 또한 이 가운데 피해 구제 건수는 1,324건에 불과했다. 노인들은 젊은층에 비해 인지능력이 불리하기 때문에 이런 악덕 상혼으로부터 자신을 방어해 내기가 쉽지 않은 것이다.

특히나 고령이거나 건강상태가 좋지 못하다는 이유로 일반 보험 가입이 어려웠던 노년층에게 진단 없이 가입할 수 있는 '무자격, 무심사' 실버 보험이나 '저렴한 가입비에 치매, 뇌손상 등 각종 노인성 질환이 보장된다'는 문구는 노인들의 관심을 쉽게 끈다.

실제 신문이나 TV의 실버 보험 광고를 살펴보면 보험업체들이 강조하고자 하는 내용은 전면에 크게 부각되는 반면, 정작 가입자들이 꼭 알아야 할 내용이나 약관은 이해하기 어려운 전문 용어를 사용하여 깨알같이 작은 글씨로 적혀 있는 경우가 있다.

실버 보험의 경우 대부분 전화로 가입하기 때문에 가입 전에는 약관을 받아볼 수 없는데 TV에서 광고하는 보험사들의 문구, 특히 주의사항은 노인들이 알아볼 수 없을 정도로 작거나 순간적으로 지나간다. 문제가 되는 실버보험의 경우 판매사들은 보장범위가 작거나 보험금이 적은 것을 '저렴한 보험료'라 광고하고 있으며 고액의 보험금을 받을 수 있을 것처럼 얘기하곤 한다. 하지만 그만큼의 보험금액을 받기란 힘든 경우가 많다. 게다가 가입금액을 소액으로 책정하는 대신 일반 보험에 비해 보험료를 비싸게 적용하고 있다.

사실 금융상품 설명서는 용어도 어렵고 내용도 복잡해서 젊은 사람도 제대로 이해하기 어렵다. 따라서 직원들의 설명에 노인들은 잘 알아듣지도 못하면서 그냥 고개만 끄덕이는 경우가 대다수이다. 이렇게 판매자와 구매자 간에 의사소통이 충분히 이뤄지지 않은 상태에서 서명을 하게 되는 것이다. 결국 이런 연유로 낯선 금융상품에 잘 모르고 투자했다가 원금 손실을 입게 된

나이가 많다고요? 당뇨가 있다고요? 혈압이 높다고요??

괜찮습니다! 부모님보험 추천!

국민 1인당 연 진료비 현황 (건강보험심사평가원 2009년)

248만원

164만원
111만원
65만원
46만원
35만원

20~29세 30~39세 40~49세 50~59세 60~64세 65~100세

● 65세이상 노인진료비 7년새 2배 급증!
월 진료비 **247,166원**(연 248만원)
(건강보험공단)

● 65세 치매환자 7년간 5배 증가!
치매환자 **21만명**
(건강보험정책연구원 2009년)

● 65세이상 고혈압 당뇨 유병자!
고혈압 **2명 중 1명**(53.2%)
당뇨병 **5명 중 1명**(19.6%)
(보험사회연구원 2010년)

자녀들을 대상으로 한 간병 보험 광고 이미지

고령자들의 민원은 계속 증가하고 있다.

노인들이 금융상품에 가입하는 경우, 가입으로 얻을 수 있는 각종 보장책 등을 사전에 구체적으로 설명하거나, 상품 약관의 경우 이익뿐 아니라 위험성에 대한 충분한 설명을 해 주어야 한다. 특히 판단력과 이해력이 떨어지는 노인들은 약관을 세부적으로 파악하거나 보상금 규정을 꼼꼼히 따져보지 않는 경향이 있어 노인 상대 상품 광고에 법적 기준이 마련돼야 한다는 주장도 제기된다.

미즈호, 미쓰이 스미토모, 미쓰비시도쿄UFJ은행 등은 70세 이상 고객에게 변액연금, 펀드 등 원금 손실이 있는 상품을 판매할 때는 반드시 가족이 동반하도록 제도를 개선, 시행하고 있다.

또 상품 판매도 처음 고객과 상담한 날이 아니라, 이후에 재방문한 날 가입하도록 권유하고, 개인 금융자산 중에 손실 위험이 높은 상품을 많이 갖고 있는 고령 고객에겐 투자형 상품을 아예 팔지 않기로 했다. 이는 우리나라 실버 금융상품을 판매하는 금융기관에게 시사하는 바가 크다.

나이 드는 당신을 위한 조언

우리 주변에서 자주 듣는 이야기 중 하나는 '나이가 들면 돈이 있어야 된다'는 것이다.

몇 해 전 일본에선 '사랑받는 노인'이란 신조어가 유행했다. 이 말의 숨은 뜻은 늘그막에 자녀나 친척들에게 사랑받는지 아닌지는 돈의 유무에 달렸다는 것이다.

100세 이상 고령자 수백 명이 행방불명된 이른바 '유령(幽靈) 고령자' 사건이 발단이 되었는데, 이 사건을 파헤치던 중 아버지가 30년 전 행방불명됐지만 찾아보지도 않았다는 아들, 부모에게 연락한 지 50년 됐다는 딸이 등장해 사회적으로 큰 논란이 되었다(조선일보, 2011.4.5). 이것은 고령사회로 이동하고 있는 우리의 현 상황에서 실버층의 재무관리 필요성을 한층 더 부각시킨다.

어느 날 퇴직하신 교수님을 뵈었는데 교수님은 은퇴 이후를 미리 준비하지 않은 것이 후회된다고 여러 번 말씀하셨다. 처음 은퇴 시에는 금전적인 것은 연금을 받으니 그다지 깊게 생각을 하지 않았는데 시간이 갈수록 구체적인 계획을 세우지 않아서인지 생활의 모든 면, 특히 재무적인 측면에서 시행착오를 많이 겪었고 아직도 정리가 안됐다는 것이다. 그러면서 돈이야 생활에서 기본적으로 필요하고 언론에서 많이 언급하여 인지하고는 있었지만 길어진 수명을 생각하면 금전적으로 도움이 되는 일을 해야 할 것 같아 이에 관해 생각해보고 있다고 마무리했다.

노후 자금은 얼마가 충분할까

매스컴 등에서 은퇴 후 사망할 때까지의 노후 생활 자금은 얼마가 필요한지에 대해 구체적인 금액들을 많이 언급하고 있다. 7억, 10억이라는 엄청난 액수 때문에 기가 질리기도 하나, 한편으로는 개인이나 생활환경의 차이가 크기 때문에 그런 구체적인 액수에 미치지 못한다고 그리 염려할 필요는 없다는 생각도 든다.

사실 시골에서 생활하는 실버층들의 이야기에 의하면 식생활은 거의 자급자족이 가능하기 때문에 문제가 되지 않으며, 지출비용은 문화비가 많이 차지한다고 한다. 그나마 이것도 한도 내에서 소비하기 때문에 매스컴의 이야기처럼 그다지 노후자금이 걱정이 되지는 않는다는 것이다.

많은 이들이 노후를 위해 보험이나 저축, 연금에 의존한다. 재정적 준비가 곧 은퇴 이후 삶을 위한 준비라고 생각하고 더불어 건강하다면 편안한 노후를 보낼 수 있을 것으로 기대한다. 그동안 실버층을 대상으로 한 금융기관들의 활발한 촉진활동으로 인해서 재무측면의 필요성도 인지하고 있는데, 우리나라 중장년층을 대상으로 조사(조선일보,2013,11,14)한 연령별 경제적 노후 준비 수준에 따르면 50~59세는 47.9로 나타났다. 보건복지부의 노후준비진단지표에 의하면 60.7점 이상은 노후준비가 잘

주택연금 월 수령액 비교

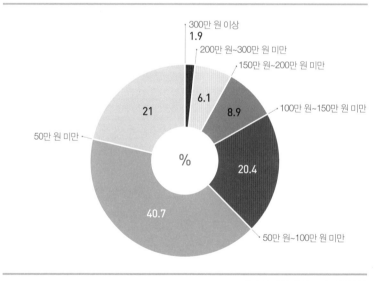

출처: 〈조선일보〉 2014년 7월 30일자

됨, 33.5~60.6은 보통, 33.4점 이하는 노후준비가 거의 없는 수준이다.

한편 60세 이상 가구주의 자가(自家)비율은 74%에 달하는데, 특히 총자산 가운데 부동산 자산 즉 주택 비율이 높은 실버층들은 가계의 가처분소득 감가는 보유 부동산의 처분 압력으로 작용할 것으로 전망된다. 따라서 주택 연금과 같은 유형의 금융상품은 실버층에게는 적합한 상품이라 할 수 있다.

2007년 7월 출시된 주택연금의 가입 건수는 2007년에는 515건에 그쳤지만 2013년 5,296건으로 매년 증가하고 있는데, 이것은 집값 하락도 원인이 있겠지만 노후준비를 못한 중산층들에게 주택 연금만한 대안이 없기 때문이다.

주택 연금은 부부 중 집을 소유한 만 60세 이상의 1주택 보유자가 집을 담보로 평생 동안 거주하며 노후 자금을 연금으로 받는 상품인데, 정부는 가입 조건을 '부부 모두 만 60세 이상'에서 '부부 중 주택소유자만 만 60세 이상'(부부 공동소유시에는 연장자를 기준으로 산정함)으로 완화했다. 따라서 이와 같은 연금을 이용할 경우 매월 생활비는 어느 정도 지급되므로 적정 시가의 자기 집이 있는 경우 재무와 관련된 문제점은 어느 정도 해결이 가능하다고 할 수 있다. 성공적인 노후를 보낼 수 있는 가능성도 그만큼 커진다.

따라서 정부차원에서는 우리나라의 실버층 자산과 관련된 특성에 적합한 주택연금상품을 보다 진화시키거나 또는 이와 유사한 새로운 금융상품을 개발하거나 개발할 수 있도록 금융 기관들에게 제도적 지원을 해야 한다. 또한 실버층을 대상으로 활동하는 금융기관들도 이에 적합한 상품을 개발해야 한다.

행복한 노후 기대하려면

요새 주위 사람들과 만나면 주 관심사는 100세 시대와 관련해 앞으로의 삶에 대한 이야기이다. 특히 필자의 전공이 이 부분과 관련되어선지 여러 질문을 한다. 그 중 많은 이들이 '장수는 축복이 아닌 재앙'이라고 말한다. 이처럼 오래 사는 삶에 대해 다수가 부정적 인식을 가지고 있어 안타까울 때가 많다. 미래 사회에서 누릴 수 있는 편리성이나 혜택이 많음에도 불구하고 노년기 삶에 대한 부정적 이미지를 받아들인 것이다. 이런 사고는 건강에도 좋지 않은 영향을 미치므로 사회나 개인 차원에서의 인식전환이 필요하다.

인간은 누구나 연령에 따른 인생단계를 거치는데, 사는 동안 대개 노년기를 맞는다. 노년기에는 무조건 은퇴를 한다고 여기

베이비붐세대(40~54세)의 은퇴 이해 및 은퇴준비 현황

은퇴에 대한 정의	퇴직하더라도 일정 수입이 보장되는 시점(54%) 퇴직 후 창업 등 새로운 기회를 찾는 시점(15%)
삶에서 가장 중요하게 생각하는 것은?	건강(35%), 가족(25%), 돈(10%)
은퇴 준비의 장애요인은?	예상치 못한 상황(19%) 고용 불안정(15%) 주택자금 대출(9%) 빠듯한 수입(7%)
실질적인 은퇴를 준비하고 있는가?	구체적 은퇴계획 있다(19%) 준비하고 있지 못하다(17%)
은퇴 관련 주요 관심사는?	위험관리(건강관리, 자녀교육, 가족 구성원 상실에 대비)

자료: 조선일보 2007.10.19

는 사회 통념이야말로 100세 시대를 맞는 지금은 시대착오에 지나지 않는다. 수명이 길지 않았던 과거방식에 맞춰 보편적으로 50세 이후에 은퇴를 하면 나머지 긴 시간은 생의 마지막을 기다리며 무작정 시간을 보내게 된다. 이 같은 기조는 사회전반에 매우 부정적이다. 요즈음은 노년층 스스로 남은 생을 포기해 극단적 방법을 선택하는 경우도 볼 수 있다.

따라서 은퇴 전에 구체적으로 자신의 생을 설계하는 것이 필요하다. 준비가 철저할수록 원하는 삶을 살 수 있다. 조금만 관심을 가지면 주위에서 많은 자료를 획득할 수 있다. 특히 은퇴 전에 은퇴설계의 한 축인 재무설계를 수립하는 것이 중요하다는 것은 잘 알려져 있다. 이밖에 건강, 친구, 직장, 무위를 해결할 수 있는 구체적인 방법 역시 정보가 많다. 이밖에도 은퇴 준비의 필요성에 부응해 공공기관이나 사적인 기관에서 활발한 교육이 진행되고 있다.

그러나 가장 우선 고려할 점은 노년층 자신이 전반기 자신의 인생에 대해 되돌아보는 시간을 갖거나 간단하게 적어보는 것이다. 이렇게 하면 자기 남은 생의 가치관을 정립할 수 있고, 제 2의 인생을 보람되게 지낼 수 있다.

즉 남은 인생을 어떻게 살 것인가에 대한 자신의 삶을 정립한 후, 나의 현 상황인 재무적 측면과 비재무적인 측면을 고려하면 나머지 생에 대한 어느 정도 구체적인 방향을 정립할 수 있다.

한편 '노후 준비는 ○○세에 해야 한다'는 고정관념에서도 자유로울 필요가 있다. 이는 노년층마다 개인차가 커 현실적으로 맞지 않는 경우가 있기 때문이다. 예를 들면, 대부분의 노년층 모두 직업을 가져야한다는 것은 맞지 않는 답이다. 물론 노년에 직업은 큰 의미가 되며, 또 독립된 자신의 삶을 살 수 있을 뿐 아니라 경제생활에도 도움을 주지만 이에 연연해 맞지 않는 일을 무리하게 시도하면 역효과가 날 수 있다.

고령사회로 전환되고 있는 시점에 획일적으로 알려진 답만이 성공적 노후에 이르는 길로 인식하지 않았으면 좋겠다. 노년층들이 자신만의 독립적인 가치관에 근거하여 재무와 비 재무설계의 조화를 이룬 노후설계를 하고 남은 생에 보람을 느낄 수 있어야 한다.

실버 의료산업

 노인의료복지시설에 가다

노인의료복지시설은 노인요양공동생활가정, 노인요양시설,
노인전문병원으로 구분된다(노인복지법 제 34조). 얼마 전 성남
에 위치한 노인요양공동생활가정*을 방문하였는데, 이곳은 가
정집을 개조하여 실버층을 모시고 있었고 대부분 할머니가 거주
하고 계셨다. 할아버지들은 이층에, 할머니들은 아래층에 거주
하셨는데 와병환자들은 이층에서 생활하고 계셨다. 둘러보니 내
집같이 규모가 작고 수용인원도 적어서 가정에서 우리 부모님들

---

* 노인요양공동생활가정: 치매·중풍 등 노인성질환 등으로 심신에 상당한 장애가 발생하여
   도움을 필요로 하는 노인에게 가정과 같은 주거여건과 급식·요양, 그 밖의 일상생활에 필
   요한 편의를 제공하는 시설

노인에게 가정과 같은 환경을 제공하는 노인요양공동생활가정

이 사시고 계신 듯 느껴졌다.

파주에 있는 노인요양시설*은 아담하고 깨끗한 건물 두 동으로 구성되어 있었다. 여기 계시는 실버층들은 질병이나 치매에 걸린 분들이신데, 입주 후 더 이상 병이 진전되지 않아 가족들도 좋아한다는 설명에 마음이 흐뭇해졌다. 요양원을 둘러보니 성별

---

* 노인요양시설: 치매·중풍 등 노인성질환 등으로 심신에 상당한 장애가 발생하여 도움을 필요로 하는 노인을 입소시켜 급식·요양과 그 밖의 일상생활에 필요한 편의를 제공하는 시설

에 따라 층이 나뉘어져 있었고 노인 분들이 한가롭게 로비에 앉아 TV를 보고 계셨다. 그들 주변에는 돌보아 주시는 분들이 계속 이들을 지켜보고 있었다.

노인전문병원* 중 방문 허가를 받은 곳은 우리가 늘 보는 병원이었다. 양옆에 입원실이 있었고 중병에 걸린 듯한 실버층들이 누워 있는 것이 보였다. 소독약 냄새도 다른 곳과 다르지 않았고 의료진들도 왔다 갔다 하는 것이 병원이라는 생각이 들었다.

어떤 선택이 최선일까?

보통 나이가 들면 노화로 병에 걸리기 마련이다. 부모님이 병에 걸리고 도움이 필요하게 되면 간병 등의 서비스를 다른 곳에서 찾아야 한다. 그 대안으로서 노인요양공동생활가정, 노인요양시설 혹은 노인전문병원을 선택하게 된다.

2008년 7월부터 시작된 장기요양보험으로 많은 실버층이 그 혜택을 받고 있다. 이것은 병에 걸린 부모를 모시는 가정 내 갈등을 해소시키는데도 일조했다고 볼 수 있다. 물론 수급권자가 되

---

* 노인전문병원: 의료법이 규정한 시설·장비와 의료진을 갖춰야 한다. 주로 의학적 치료가 필요한 노인성·만성질환가 이용함

노인복지시설 분류

노인 주거 복지시설		노인 의료 복지시설
• 양로시설 • 노인공동생활가정	노인 복지 시설	• 노인요양시설 • 노인요양공동생활가정
• 노인복지주택 - 설립: 노인복지법 - 운영: 주택법		• 노인전문병원 - 설립: 노인복지법 - 운영: 의료법

어야 혜택을 받을 수 있지만 그런 제도가 있다는 것은 많은 사람들에게 실버층 간호에 대한 여유를 준다. 또한 보험과 관련된 시설이나 제품이나 서비스 시장도 한층 활성화되었다.

대개 전문적인 의료서비스가 필요한 경우를 제외하고는 노인요양공동생활가정, 노인요양시설로 모시게 된다. 노인요양공동생활가정이나 노인요양시설들을 알아보면 선택 시 고려할 것이 정말 많다는 것을 느낄 수 있다.

시설이 어디에 위치해 있는가?(도심형, 근교형 혹은 전원형), 운영 주체가 누구인가?(국가 기관, 지자체, 종교 기관, 기업, 개인 등) 입주자 수는 어느 정도인가?(규모와 차이), 내부 시설이나 위생 등은 어떠한가? 보험료 외 매월 지불해야하는 금액이 어느

경기도 광주에 위치한 노인요양시설의 홈페이지

정도인가? 등을 따져 보아야 한다.

이 중 가장 우선적인 것은 '가족과 가까운 곳에 위치해 있는 가?' 즉 접근성이다. 그리고 입주자가 평소 생활하였던 거주 분위기인가 즉 정서적인 안정감을 느낄 수 있는 곳인가를 생각해 보아야 하며 밝고 쾌적하며 화목한 분위기인지도 체크해야 한다.

입주를 한다는 것은 당사자에게는 다른 곳으로 거주지를 옮긴다는 것을 의미한다. 이것은 심리적인 불안감을 제공하게 되는

데 시설이 평소에 생활하던 것과 다른 분위기면 입주자가 친근 감을 느끼지 못하고 소외감과 우울함을 느낄 수 있다. 따라서 처 음 시설을 방문했을 때 입주자들의 표정이 밝은지 파악하는 것 이 좋다.

또한 직원의 표정이 밝은지, 직원 수가 입주자에 비해 적절한 지, 하루 일과나 여가 프로그램, 케어 서비스가 제대로 진행되는 지를 살펴보아야 한다. 시설에 입주하고 있는 입주자들이 어떠 한 건강 상태인지도 파악해야 하는데. 대부분이 중병의 입주자 라면 자주 위급한 상황이 발생한다. 이에 따른 전문 병원과의 연 계 여부도 알아두어야 한다.

어떻게 준비할 것인가

한국보건사회연구원은 전국의 베이비 부머 3,027명을 대상으 로 '중년층의 생활 실태 및 복지욕구'를 조사한 결과 베이비 부머 들은 노후 시설 중 요양시설(36.1%)을 가장 선호했고, 이어 배우 자(28.9%), 요양병원(21.1%), 재가서비스(10%) 순으로 답한 것 으로 나타났다(2012.6.11).

최근 늘어난 노인요양공동생활가정을 방문해 보면 이왕 부모

OECD 주요국과 한국의 요양병원 병상 비교(노인인구 1,000명당)

요양병원·요양시설 구분 모호

요양병원		요양시설
노인성 질병 치료(의료서비스)	서비스내용	노화에 따른 거동불편 지원 (수발서비스)
질병이나 장애 발생자	대상자	장기요양 등급(1~3등급) 인정자
의사, 간호사, 간병인은 선택	제공 인력	요양보호사, 사회복지사, 간호사, 간호조무사
70~110만 원(간병비 포함)	월 비용	43~49만 원
건보가 되는 진료비 부담을 연 120만~500만 원으로 제한(동일 질병)	비용 부담 상한제	없음
진료비, 입원비 등에 건강 보험 적용	혜택 보는 보험	시설 이용은 장기 요양 보험 적용 아파서 병원 가면 건보 적용
간병비 보험 안 돼 전역 환자 부담	간병비·수발비용	수발비용에 대해 장기 요양 보험 적용
요양병원 입원하면 자동처리	보험적용 받으려면	건보공단에 장기요양대상자 신청 해서 1~3등급 받아야
없음	연령제한	65세 이상, 65세 미만의 노인성 질병환자

출처: 〈중앙일보〉 2014.6.18일자

님을 모시니 몇 분 더 모시면 좋겠다고 해 시설을 운영하는 경우도 있고, 또한 이 시장이 점점 활성화 될 것이라는 예상으로 진출하기도 한다.

　사업적 목적으로 시작하는 사람들은 이 분야는 공익성이 포함되어 운영이 이뤄지는 곳이라는 것을 명심해야 한다. 또한 노인마다 보험 등급이나 질병 상태, 병력, 원하는 서비스 등이 확연하게 다르므로 처음부터 이를 고려하여 시설 운영을 시작해야 하며, 시설이나 인력, 운영기준, 입소대상, 입소절차, 준수사항에 대해 노인복지법 시행 규칙을 참조해야 한다.

누가 뭐래도 건강이 최고

실버산업 중 실버층의 관심이 가장 큰 분야는 건강·보건 분야다. 미국에서는 베이비붐 시대에 태어났던 세대가 2010년을 기점으로 노년층에 접어들어 노인 인구는 급격히 증가하고 있다. 이에 따라 대상으로 하는 도우미 사업이 급속도로 증가하였다.

어림잡아 네 가구 중 한 가구가 50세가 넘은 친척 또는 친구와 함께 살고 있으며 성인 인구의 15%가량이 심각한 질병을 앓고 있거나 불구가 된 가족과 함께 살고 있다고 추산한다. 약 1,300만 명의 인구가 불구가 된 부모나 배우자를 돌보고 있으며 그들을 보호해야 할 잠재적인 책임을 지고 있다.

이와 관련하여 전문 의료 서비스보다는 다양한 가정 도우미 서비스가 생겨났다. 쇼핑 도우미, 식사 준비, 가정 관리, 심부름, 의료적 조언, 개인적인 보살핌, 알츠하이머 도우미 등이 여기에 포함된다.

노인들은 보통 노인 시설에서 생활하는 것보다 자신의 주택에서 생활하는 것을 좋아하는데 안락함과 안전함을 느낄 수 있기 때문이다. 따라서 노인 도우미 사업은 나이든 가족 구성원들이 선택할 수 있는 최선의 서비스를 제공해야 한다.

중국·호주·캐나다의 사례

2013년 중국 노인 인구가 1억 9,400만 명(전체 인구 13억 5,000만 명 추산)에 달해 노인 인구의 비중이 전체 인구의 14.3%에 이른 것으로 예측된다. 특히 중국의 경우 산아제한 정책에 평균 수명의 연장으로 1명의 자녀가 2명의 부모, 4명의 조부모를 부양해야 하는 경우가 발생하고 있다.

하지만 부모를 직접 부양한다는 전통적인 관념이 희박해진 자녀 세대가 늘어나고, 맞벌이 등 경제 활동으로 부모를 직접 부양하는 것이 현실적으로 어려운 문제로 인식되는 상황이다.

노인들도 노후를 자녀에게 의존해서 살기보다는 독립적으로 살거나 안전하고 시설이 잘 갖춰진 의료 전문 기관에서 보내는 것을 선호하는 경우가 증가하고 있다(코트라, 2013.12.23). 특히 이 중에서도 노인 전용 의료 서비스 분야에 관심이 확대되고 있다.

호주는 2050년에 65세 이상 비중을 약 25%로 전망, 현재 실버타운과 홈케어 서비스를 늘려 나가는 상태이다. 이 두 가지는 실버시장의 핵심으로 각광받고 있으며 꾸준히 수요도 늘어가고 있다. 홈케어 서비스는 기본적으로 가정 방문을 통해 고령자를 돌봐주는 서비스로, 정부의 복지 정책에 기반을 두고 있다.

현재 홈케어 서비스 시장에서 사기업의 점유율은 30% 수준이며, 이 서비스를 더 효과적으로 제공할 수 있는 소프트웨어 프로그램 수요도 증가하고 있다. 가정에서 회계 업무 등을 볼 수 있는 'Back Office' 시스템, 침대에 전자 클립보드(e-clipboard)를 부착해 온라인에 건강 상태를 기록할 수 있는 시스템 등의 인기가 높아지고 있다.

캐나다의 베이비부머는 1946~66년에 태어난 세대를 지칭하며, 이들은 1,000만 이상의 인구 규모로 캐나다 사회 전반에 큰 영향력을 가지고 있다. 전체 인구의 27%이고, 이들의 현재 나이는 50~60대이기 때문에 고령화 사회를 겨냥한 사업이 캐나다에서 성업 중이다.

노인 인구는 2026년에는 총 캐나다 인구의 20% 이상이 될 것으로 전망되며 이에 따라 의료 제품 및 서비스에 대한 지출액도 함께 상승하는 양상을 보이고 있는데, 의료비 증가는 자연히 캐나다 고령 인구들로 하여금 건강에 관한 관심을 불러일으키고, 이는 각종 홈 헬스케어 서비스 상품, 영양 보조제 등의 인기 상승으로 이어지고 있다.

우리나라의 경우는 어떨까?

우리나라도 극빈층 독거노인을 대상으로 기본적인 의료와 돌봄 서비스를 제공하는 시니어 홈 케어(senior home care)는 정부와 지자체, 사회복지단체를 중심으로 활발하게 이뤄지고 있다. 최근에는 비용을 좀 더 부담하더라도 식사 준비, 청소나 설거지 같은 집안일은 물론이고 환자의 투약을 포함한 전문 간병 활동, 산책이나 쇼핑, 문화 활동까지 서비스를 제공하고 있다.

자녀들이 안심하고 생업에 전념할 수 있도록 자녀와 떨어져 살고 계신 부모님의 독립적인 생활을 돕는 방문 홈케어 서비스도 제공되고 있다(홈인스테드코리아). 이 중 홀로 계신 부모님의 안전과 건강을 책임지는 '안심 케어 서비스'는 부모님이 위급한 상황에 처하지 않도록 주기적으로 안위를 살피고 생활적 도움을 제공하는 서비스로 국내에는 처음으로 소개되는 선진국형 케어 패키지 서비스이다.

주요 제공 서비스로는 위험 요소 및 위생 환경 관리, 낙상 예방 활동 그리고 100가지 항목으로 구성된 생활환경 안전 점검 등이 있다. 또한 식중독 예방을 위한 음식물 유통기한 관리, 칼/도마 소독, 냉장고 청소 등도 진행한다. 이밖에 간단한 식사 조리와 청

한국형 노쇠측정도구

번호	항목	0점	1점
1	최근 1년간 병원에 입원한 횟수는?	없다	1회 이상
2	현재 본인의 건강이 어떻다고 생각하십니까?	좋다	나쁘다
3	정기적으로 4가지 이상의 약을 계속 드십니까?	아니요	예
4	최근 1년간 옷이 헐렁할 정도로 체중이 감소했습니까?	아니요	예
5	최근 한 달 동안 우울하거나 슬퍼진 적이 있습니까?	아니요	가끔 이상
6	최근 한 달 동안 소변이나 대변이 저절로 나올 때가 있었습니까?	아니요	가끔 이상
7	TUG(Timed up & Go) test*	10초 이하	10초 초과
8	일상생활 중에 소리가 잘 들리지가 않거나, 눈이 잘 보이지 않아서 문제가 생긴 적이 있습니까?	정상	이상

* 7. 동적 균형검사: 앉아 있던 의자에서 혼자 일어나서 3m 정도의 거리를 걸어간 후 돌아서서 다시 의자로 돌아오는 검사. 시작부터 돌아와 의자에 앉는 데까지 소요된 시간을 '초' 단위로 측정한다. 10초 이내인 경우 정상으로 판정함.

※ 0~2점 = 정상, 3~4점 = 노쇠 전단계, 5점 이상 = 노쇠

출처: 대한노인병학회 제공

소, 침실 정돈, 우편물 관리, 이불 관리, 생활 소모품 교체, 쓰레기 배출 등 생활 지원 서비스도 함께 제공된다. 자녀의 요청이 있는 경우, 주기적으로 부모님의 인지 능력을 체크해 치매 위험에 대비한다.

전 세계적으로 고령화 현상은 심화되고 있다. 실버층을 가족

이 돌보는 것이 어려운 현 상황에서 노인 도우미 사업의 수요는 점차 증가할 것이다. 따라서 제도적으로 이에 대한 관심이나 지원이 이뤄져야 함은 당연하다. 기업이나 개인사업자들도 이러한 수요에 부응하는 세심하고 수준 높은 서비스를 제공한다면 좋은 결과를 기대할 수 있다.

놀랍도록 발전하는 실버 의료산업· IT기술

실버 세대와 IT기술에는 어떤 연관성이 있을까? 얼핏 생각하면 적을 것 같지만 주변엔 이미 노년층의 생물 물리학적 노화 한계를 대체할 IT제품 및 서비스가 눈부시게 발전하고 있다. 특히 실버 단독 가구나 부부만으로 이뤄진 세대 가구의 증가를 고려한다면 그 필요성은 더 커지게 된다.

사실 의료 산업은 가장 활발하게 IT기술을 활용하고 있는 분야다. 미국의 경우 주로 1인 가구인 노년층이 집에서 많은 시간을 보내기 때문에 집에서 IT기술을 통해 건강을 살피는 것이 일상화되고 있다. 실버 의료 산업과 IT기술 접목 사례를 더 많이 살펴보자.

미국의 신생 벤처 기업인 24에이트(24EIGHT)는 스마트폰에

슬리퍼 가격은 약 100달러, 통신사
용료는 매달 25달러가 청구될 계획

노인 도우미 로봇 너스봇

서 기울기 인식 기술과 유사한 기술을 적용한 슬리퍼를 개발, 노
인들이 평소 어떻게 걷는지에 대한 데이터를 중앙 센터로 보내
이상 신호가 감지되면 가족과 의사에게 신속히 알려준다. 가족
과 떨어져 홀로 생활하고 있는 독거노인 등의 보행 안전과 위급
상황의 신속한 파악에 도움이 될 것으로 기대된다.

　인텔 역시 '너스봇'(nursebot)이란 노인 도우미 로봇으로 집
에서 기초 의료 지식을 알려주고 약 복용과 의사들과의 의사소
통 기능을 제공한다. '필펫'(pill pets)이란 기계는 겉보기엔 단
순 LCD모니터지만 약 복용 시간이나 병원 갈 시간, 운동시간이

나 식단까지 시시각각으로 알려줘 자녀 역할을 훌륭히 대행해 준다.

IBM은 시각장애를 겪는 노인을 위해 웹페이지 내용을 읽어주고 글자 입력 시 오류를 자동으로 잡아주는 소프트웨어를 개발, 고령자들이 직장에서 더 오래 일할 수 있도록 했다.

일본 기업인 아파이아 시스템은 독거노인의 고독사 예방을 위해 '고독사 방지 서비스'를 개발, 집안의 전기 사용량, 온도 변화, 창문 개폐 상황 등 이들의 생활 리듬을 인터넷 사이트로 표시하여 외부인이 메일로 전송받을 수 있도록 했다. 또한 유니참 휴먼 케어(Unicham Human Care)는 휴머니(Humany)라는 소변 흡인 로봇을 개발했는데, 기저귀에 부착된 패드에서 소변을 감지하면 펌프가 작동해 소변을 흡수하게 하고 있다.

이외에도 GPS기능 등이 갖춰진 고령자용 휴대폰, 실버층과 육체적·정신적으로 상호작용이 가능한 치유 로봇, 생각으로 조종이 가능한 전동 휠체어 등 다양한 제품들이 등장하고 있다. 후지쯔는 카메라가 부착된 PC와 스마트폰으로 환자의 안면을 인식하고 건강을 관리하는 시스템을 개발하여 실시간으로 환자의 혈색을 보며 건강을 모니터링 할 수 있게끔 하였다.

국내에도 1인 실버세대의 활동량과 건강 정보를 자녀 등 보호

효드림 텔레케어의
활용 방안을 담은
홈페이지 내의 광고

자에게 실시간 전송해 응급상황에 대처할 수 있는 상품이 출시
된 바 있다. 2012년 SK텔레콤에서 내놓은 '효드림 텔레케어'가
대표적인데 자녀들과 떨어져 지내는 실버층의 건강과 안전을 모
니터링해 주는 IT 노인 돌보미 서비스다.

이용 요금은 2년 약정 3년 할부 기준으로 장비 할부금 포함 실
속형은 월 1만 9,800원이며 표준형은 월 3만 9,600원이다. 이것
은 노인 거주 주택 곳곳에 각종 감지기를 설치한 후, 노인이 휴대
하고 있는 소형 단말기와 전파를 송수신하므로 활동량을 실시간

측정해 관리할 수 있으며 응급 상황에도 대처가 가능하다.

또한 의료 정보 앱인 '닥터 안드로이드119'는 위급 상황이 발생할지 모르는 실버세대에게 심폐소생술 등 유용한 정보를 담아 긴급한 상황이 발생했을 때 유연하게 대처하도록 돕는다.

전 세계적으로 IT산업 내 기업들의 실버 시장에 대한 관심은 실버층의 증가로 더욱 커지고 있다. 또한 실버 세대의 의료와 관련된 사회적 비용은 증가하고 특히 건강과 관련된 일상생활의 어려움은 커지는 만큼 이를 위한 IT기술 활용은 의료 비용 감소에 많은 역할을 할 것이다.

이에 따라 우리 정부에서도 블루오션으로 떠오르는 실버 IT산업에 대한 지원이나 기업 활동에 유리하도록 관련 규정을 적극적으로 개선해야 할 것이다. 의료 산업에 진출한 IT기업들도 노년층의 욕구를 충족시키는 제품이나 서비스를 개발하여야 한다. IT산업 내 실버케어시장은 향후 무궁무진해질 것이기 때문이다.

노후의 필수조건?

　의료산업은 실버산업에서 가장 먼저 발전한 분야이며 실버층
들이 가장 많이 이용하는 서비스라 할 수 있다. 연령이 증가할수
록 노화로 인해 여러 가지 병이 생길 수 있으므로 노년층의 증가
는 곧 의료비의 증가로 귀결된다.

　일전에 지인의 어머니가 고관절 수술로 입원하셨다는 연락을
받고 문병을 다녀왔다. 병실에 있는 거의 대부분 환자들이 고령
층이었다. 입원실에는 요양 보호사들이 여럿 있었고 입원 환자
들에게 사용하는 제품들도 눈에 띄었다. 사람들 사이에 오가는
대화를 귀 기울여 듣다보니 장기요양보험의 혜택을 받을 수 없
기 때문에 경제적으로 힘이 든다는 말과, 입원비가 부담되지만
가정에 모시기도 어렵다는 이야기가 나왔다.

　노인요양원이나 노인요양공동생활가정에 방문해 보면 입주
자 중 많은 치매 환자들을 볼 수 있다. 몇 해 전 일본의 노인요양
공동생활가정을 방문했던 일이 생각난다. 한 할머님이 식사 시
간에 숟가락을 손에 잡고 계속 식탁 위에 있는 그릇을 긁고 있었
다. 할머니가 뭐라고 소리치자 돌보아 주시는 분이 무언가를 한
조각 그릇 안에 넣어주었고 그 상황이 반복되었다.

한편에는 4인용 식탁에 세 분이 앉아 계셨는데 그 중 한 분이 강아지 로봇을 품에 안고 있다가 식탁 위에 놓고 걷는 것을 보더니 손뼉을 치고 웃었고 다른 두 분도 같이 손뼉을 쳤다. 위와 유사한 상황이 자주 발생하는 노인 요양시설에 방문해 보니 노년기에 얼마나 건강을 유지하느냐가 성공적인 노후의 근간임을 실감하게 된다.

만성 질환에 대처하기

일전 신문에 한국인의 기대 수명은 81.3세인데 반해 건강 수명은 66세이며 15년은 병에 걸려 골골한다는 내용의 기사가 실렸다. '기대 수명'은 출생자가 출생 직후부터 생존할 것으로 기대되는 평균 생존 연수를 의미하며 '건강 수명'이란 아프지 않고 건강하게 살아가는 기간을 말한다.

기대 수명과 건강 수명이 15년 차이가 난다는 것은 그만큼의 시간을 질병에 걸려 치료와 관리를 받으며 살아야 한다는 것이다. 실제로 통계청 조사 결과 65세 이상 노인의 88.5%가 만성 질환이 있다는 내용도 발표되었다.

노년층의 10대 만성 질환을 살펴보면 고혈압, 관절염, 당뇨병의 순으로 나타났으며 여성의 경우 당뇨병 대신 골다공증 유병률이 높았다.

또한 전체 노년층의 운동 실천률은 50.3%이며, 69.5%가 영양 상태가 양호한 편으로 나타났다. 눈여겨볼 것은 건강 검진을 받은 노년층의 경우 이 수치가 81.6%로 올라간다는 점이다. 기관이나 개인이 건강에 관심을 가지는 만큼 나은 노후를 보낼 수 있음을 의미한다.

그러나 문제는 독거노인이나 노인 부부만으로 이뤄진 가구 수가 갈수록 증가한다는 데 있다. 이들이 가지고 있는 만성질환이나 중풍, 치매 등 타인의 간호가 필요한 노인성 질환의 경우 간병에 대한 제도적 지원이나 서비스가 제공되지 않으면 개인적인 문제를 떠나 사회적인 문제까지 야기할 수 있다. 때문에 이에 대한 예방과 지원이 꼭 필요하다.

노년기에 잘 걸릴 수 있는 대표적인 정신 질환 중 하나인 치매를 보자. 가끔 병원에 치매인 부모님을 데리고 방문하는 이들이 입을 모아 하는 말이 있다. 평소에 살펴보면 별 문제가 없이 멀쩡하신 듯 했는데 알고 보니 치매였다는 것이다.

이런 사례는 우리 주변에서 자주 찾을수 있다. 초기에 발견을 하면 더 이상의 진전을 막을 수 있는 경우도 많아 아쉬울 뿐이다.

현재 우리나라 전체 노인 중 치매환자는 52만 2,000명으로 노인 11명 중 1명(9.1%)이 치매를 앓지만 이들의 수발 부담은 대부분 가족 몫이다.

보험 혜택이 주어지기는 하지만 40만 명이 아직 받지 못하고 있다. 특히나 농어촌의 경우에는 이런 제도가 존재한다는 자체를 몰라 신청하지 않는 경우도 많다. 가끔씩 가족이 간병을 하다가 힘에 부쳐 결국 동반 자살을 했다는 안타까운 뉴스를 접하기도 한다.

가까운 이웃인 일본의 경우도 연간 10만 명이 가족 간병을 위해 이직을 결심한다. 간병을 위해 좀 더 시간적 여유가 있는 직장을 찾지만 여의치 않아 연간 7만 3,000명 정도가 간병 실업자로 전락한다고 한다.

일본 정부의 조사로는 간병을 병행하는 직장인이 291만 명으로 전업주부를 포함해 무직으로 간병하는 266만 명보다 많다. 과거에는 전업 주부가 간병을 전담했지만 맞벌이 부부와 독신자 증가로 간병을 병행하는 직장인이 급증하고 있기 때문이다(〈조선일보〉 2014.4.8).

이는 우리에게도 큰 시사점을 제공한다. 물론 노인요양시설을 이용한다면 문제가 없겠지만 방문 서비스나 주간 보호 센터를

간병을 하는 직장인 비율(일본)

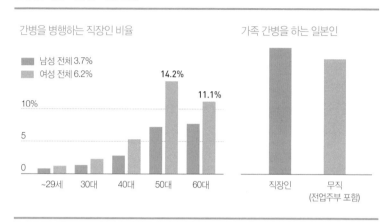

간병을 병행하는 직장인 비율

■ 남성 전체 3.7%
■ 여성 전체 6.2%

가족 간병을 하는 일본인

자료: 일본 총무성

이용하는 경우 이와 같은 문제점에 봉착될 가능성이 있다. 이것은 개인의 문제뿐만 아니라 국가적인 차원의 문제점으로 전락하게 된다. 나이가 들수록 질병에 노출될 가능성은 커지고, 고령사회로 진전을 하는 지금 건강 수명의 의미를 되새길 필요가 있다.

건강 수명이 1년 늘어날 때마다 최소 3조 4,000억원의 사회적 비용이 감소하는데, 건강 수명을 연장하기 위해서는 체계적인 질병 예방이 핵심이다. 이를 위해서 정부나 지자체에서도 많은 제도나 규정을 마련하고 있지만, 질병 예방을 위한 구체적이고 꾸준한 실천법을 활발히 홍보해야만 한다.

실버 주거산업

 맞춤 주거시설의 시대가 왔다

앞서 이야기한 것과 같이 베이비부머의 93.2%는 '노후에 부부 끼리, 혹은 혼자 살고 싶다'고 생각하고 있다.

이는 더 이상 베이비부머가 자녀들로부터 노후 보장을 기대 하지 않음을 의미하며, 노후에 중요한 상대자가 배우자로 변했 음을 의미한다. 현재 우리 사회에서 전통적인 효 개념이 약화되 고 사회 경제 구조가 급변한 만큼 이제 자녀들이 제공하던 서비 스를 시장에서 어떻게 대체할 것인지에 대해 방법을 확보해야 한다.

2000년 들어 고령사회로 진입한 우리나라의 경우 실버층들을 겨냥한 다양한 주택 상품들이 등장하고 있다. 많은 실버층이 노화라는 생물학적인 변화로 육체적으로 취약해지게 된다. 그 뒤에 자연적으로 기존 주택들의 불편함을 인지하게 된다. 따라서 안전하고 쾌적한 실버 주택의 출현은 필연적이라 하겠다.

필자가 가끔 모임에서 만나는 이들은 앞으로 자신에게 적합한 실버 주거 시설에 대해 조심스럽게 질문하곤 한다. 요지는 '도심의 실버타운, 지방 도시의 은퇴자 마을로의 이주나 귀농, 현 거주지에 머무르는 것 중 무엇이 더 나은 선택인가?'이다. 각각의 주거 시설의 특성에 대해 구체적인 설명을 요청할 정도로 관심이 높다.

고객에 대한 이해가 없으면 실패한다

실버세대에 있어 주거 시설이란 생물학적 생존을 위한 기본적 수단이며 사회적 정체감의 상징으로, 추억을 저장하고 사회적 관계망을 유지하는 도구로도 볼 수 있다. 더불어 사생활의 자유를 공간적으로 확보하고 노화로 인한 생활 기능 저하를 수용할 수 있는 환경이라는 의미도 크다.

그러나 기존의 건설 업체들은 실버 주거 시설의 독특한 의미나 필요성에 대해 확실한 인식을 하지 못하고 무조건 이름만 '실버 전용 시설'로 붙여 분양해 실패한 사례가 적지 않다. 하지만 앞서 베이비부머의 93.2%, 노후에 부부 혹은 혼자 살고 싶다고 말한 것에서 알 수 있듯이 이미 실버층의 주거 산업에 대한 거시적 환경은 조성되었다고 볼 수 있다. 이제 기업이나 개인이 표적 시장을 설정해야 하는데 이것은 기업이나 개인의 인적, 물적, 기술적 자원에 따라 달라진다고 할 수 있다.

그러므로 표적시장을 구성하고 있는 실버층의 욕구를 충족시키는 시설 개발에 초점을 맞춰야 한다. 핵심은 실버층의 육체적, 정신적, 사회적 특성에 대한 확실한 정보를 확보하는 것이다. 그리고 이를 고려해 주거 공간을 만들어야 한다.

예를 들면, 주거 환경이 지나치게 실버층에게 도움을 주는 환경으로 조성되면 실버층은 환경에 종속되어 주도적 능력을 유지할 수 없다. 반대로 과도하게 육체적 활동과 심리적 긴장감을 필요로 하는 환경을 조성하면 실버층의 적응력이 저하되어 자존감이 낮아지게 된다.

그러므로 이러한 시설을 운영하고자하는 기관이나 개인사업자들은 시설운영에 있어 다음과 같은 점을 고려해야 한다. 우선 목표로 하는 잠재입주자들의 선호나 욕구에 맞추어야 한다. 또한 실버층들이 가장 바라는 것은 자녀들과 손자들과의 지속적인

경기도 수지의 헤리티지 실버타운

접촉, 기존 활동의 영속이므로 입주자들의 자녀들 주거지와 가까운 곳에 위치하는 것이 좋다. 시설에서 제공하는 서비스는 목표로 하는 잠재고객에 맞추어 설계되어야 한다.

즉 일상생활의 불편 정도에 따라 다양한 보조 설비 및 시설을 입주자들의 신체적 특성에 맞게 개발한다. 그리고 목표로 하는 잠재입주자들이 어떤 주거경험이 있는지를 파악하여 그에 적합한 시설형태를 선택하는 것이 필요하다. 입주자들은 이전에 살았던 주거형태를 선호하기 때문이다. 다양한 여가 활동 등을 프로그램화하여 생활을 활력있게 해야 하며, 서비스가 자원봉사자들이나 종교관련 단체에 의존하는 경우도 있으므로 지역사회와도 원만한 관계를 형성해야 한다.

중국 북경의 태양성 실버타운

입주자가 익숙한 활동을 할 수 있도록 최대한 배려해야 하며, 비록 공동거주를 하지만 이전에 살아 왔던 방식을 계속 유지하기를 원하므로 거주하는 방을 꾸미는 것에 선택의 여지와 독립성을 최대한 보장하도록 한다. 실버층들은 무슨 일이든 옮기거나 바꾸기를 싫어하므로 이러한 일을 삼가고 담당직원이 교체되는 일도 가급적 자제해야 한다.

은퇴 이민을 바라보는 시선

두 차례(2009, 2012) 필리핀으로 주거시설 탐방을 갔었다. 1980년도부터 일본에서 은퇴한 실버층들이 물가가 낮고 자연 환경이 좋은 필리핀으로 이주했다고 한다. 우리가 방문한 곳들은 실버타운이었는데 고급스럽고 가격이 비싼 곳, 저렴한 가격을 내세우는 곳 등 종류가 다양했다.

열대 지방에 적합한 가옥 구조와 실버타운에서 행해지는 생활 관련 서비스(식사, 청소, 빨래 등)와 의료 서비스, 여가 서비스가 이루어지는 것을 보았는데, 대부분의 실버타운이 지은 지 오래되었고, 거주자도 그리 많지는 않았다. 따라서 활발한 분위기가 나지는 않았다.

그러나 눈여겨 볼만한 점은 실버타운 근처에 실버 케어에 관한 이론을 가르치는 학원이 있어서 주민이 그 곳에서 배우면 실버타운으로 취업이 연결된다는 것이었다.

또한 유치원, 학교 등이 가까이 위치하여 입주자들이 실외에 나와 있으면 아이들을 늘 볼 수 있다는 것이 독특했다. 동네 운동장도 바로 앞에 있어 아이들이 뛰어노는 모습이 보였는데 이와 같은 위치는 고립감을 해결할 수 있으므로 매우 바람직하다는 생각이 들었다. 시간이 지날수록 필리핀으로 이민을 왔던 일본의 실버층들이 고국으로 돌아가고자 하는 욕구가 커졌기 때문에 많은 입주자들이 귀국을 해 실버타운의 공동화가 진행되었으며, 새로 지어진 실버타운은 다른 용도로 사용되기 시작한 것으로 보였다.

필리핀으로 가는 한국 실버 이민자

2000년대 들어 우리나라도 실버층이 증가함에 따라 상대적으로 저렴한 금액으로 편리하게 지낼 수 있는 동남아 이민을 생각하는 사람들도 늘어났고, 실제로 이주한 실버층들의 생활을 매스컴에서 소개해주기도 했었다.

당시 프로그램에 등장한 사람들은 본인의 결정에 대해 만족하는 모습으로 이러한 삶도 있다는 것을 보여주곤 했다. 우리가 방문한 즈음 한국의 상황에 대해 잘 파악하고 있던 필리핀 은퇴청도 우리나라 은퇴 가구에 많은 관심을 가지고 필리핀에서의 거주할 수 있는 방법을 구체적으로 설명하였다.

지금도 많은 한국인이 여러 목적을 가지고 필리핀을 거주지로 선택한다. 특히 실버층들에게는 저렴한 생활비로 안락한 생활을 누릴 수 있다는 것이 가장 큰 장점일 것이다. 방문기간 동안 한국인을 대상으로 하는 실버타운을 방문하였는데 새로 지어진 곳도 있고, 이미 운영 중인 곳도 있었다. 입주자들을 만나보니 아예 이주를 한 경우도 있었고 일정 기간만 거주하는 실버층도 있었다. 필리핀은 외국에서 은퇴 이민을 온 이주 실버층에게 영주권 등 많은 혜택을 주며, 그들 역시 필리핀 경제에 큰 도움이 된다.

이에 맞서기 위해 한국의 지자체들은 낯선 해외보다는 정서적으로도 친근한 지방이 더 낫다는 점을 부각시키는 동시에 은퇴자 마을을 짓고 있다. 이외에도 각종 인센티브를 제공하여 은퇴자 유치에 나서는 이유는 경제력 있는 실버층을 끌어들여 지역 경제 발전을 이루고자 하기 때문이다.

노년기의 삶은 성공적인 인생을 마감하는 단계라고 볼 수 있다. 인간에게 있어 주거는 가장 기본적인 욕구이다, 본국에서 혹은 타국에서 인생의 마지막 거주지를 결정한다는 것은 굉장히 중요하다. 따라서 종합적으로 자기 자신에 대한 파악은 필수라고 볼 수 있다. 내가 마지막으로 가장 하고 싶은 리스트를 작성해 보고 그와 관련하여 거주지와의 관계를 살펴봐야 할 것이다.

단지 생활비가 덜 든다거나, 그 곳의 기후가 마음에 든다거나 하는 한두 가지의 매력적인 유인보다는 자기가 하고 싶은 것을 얼마나 할 수 있는가 여부와 관련하여 종합적으로 따져 봐야 한다. 참고로 한국은퇴자협회에서는 동남아로 이민을 준비하는 고령자들에게 소일거리로 삼을 만한 일자리는 현지에서 구하기 어렵고, 대중교통이 우리나라에 비해 불편하며 날씨가 1년 내내 덥다는 것을 감안해야 한다고 언급하였다.

실버층들이 특정 국가로 거주지를 옮기면 그 나라는 경제적인 측면에서 시장 활성화를 기대할 수 있다. 따라서 정부나 지자체도 실버층의 거주지와 관련, 은퇴하는 자국민들의 욕구를 충족시킬 수 있는 정책이나 방안을 구상해야 한다. 실버층들이 옮겨가는 지역은 이들과 관련된 일자리 창출이나 필요한 제품이나 서비스의 판매가 늘어나기 때문이다. 실버층은 긍정적인 경제활력소가 될 것이며, 이와 관련한 실버 기업이나 개인사업자도 수요증가 및 시장확대라는 긍정적인 상황을 맞이할 것이다.

실버층의 신 타향살이

100세 시대라는 용어가 회자된 지도 얼마 되지 않았는데 또다시 인간의 평균 수명이 120세까지 늘어날 것이라는 말이 생겨났다.

사실 나이가 들면 육체적인 기능이 떨어지게 되고 특정 부분에 병이 생기기도 한다. 그러나 노화가 진행된다고 해서 모든 실버층이 위태로운 상황인 것은 아니다. 대개 80~90% 실버층이 하나 둘씩 질병을 가지고 있지만 그것 때문에 일상적인 생활을 영위하지 못하는 것은 아니다.

이 정도의 건강한 실버층인 경우, 다양하게 주거지를 선택할 수 있는데 종류를 살펴보면 현재 거주하는 (또는 리모델링한)자신의 집, 작고 관리하기 편한 집, 은퇴 귀농한 곳의 집, 고령자 전용 국민 임대 주택, 노인공동생활가정, 대규모 유료시설(실버타운), 무료 양로 시설 등이 있다.

일상생활을 영위할 때에는 그 생활을 가능하게 하는 기본적인 노동이 필요하다. 예를 들면 식사나 세탁, 청소 등이 그것이다. 노인이 이런 노동에서 해방되고 싶거나, 노동할 능력이 없을 때에는 타인의 도움을 받는 다른 주거지를 선택해야만 한다.

지난 몇 년 간 학생들과 실버층 주거 시설을 탐방하다보니 정말 다양한 시설이 있음을 실감하게 된다. 시설들 간의 가장 큰 차이는 입주한 실버층들의 건강 상태와 재정 상태이다. 때로는 건강하고 부유한 실버층의 경우 잘 구비된 시설에서 안락하게 생활하고 있어 같이 방문한 학생들의 부러움을 사는 경우도 있다. 하지만 경제적으로 유복하지 않다고 해서 정반대의 상황에 처하리라는 것은 잘못된 생각이다.

각 시설에서는 나름대로 거주하는 실버층을 정성껏 모시고 있다. 건강 상태가 좋지 못한 경우도 시설을 이용할 수 있는데 작게는 노인요양공동생활가정부터 대규모 요양원에 이르기까지 다양하다. 물론 지은 지 오래된 곳은 실버층을 위한 기본적인 시설(복도 벽 손잡이, 편안한 이동 수단, 적절한 실내 밝기) 등이 제대로 갖춰지지 않은 곳도 있었지만 소수에 불과하였다.

이러한 시설이 증가한다는 사실은 앞으로의 주거환경이 더욱 급변함을 의미한다. 옛날부터 내려온 '자식이 부모를 모셔야 한다'는 사회적 가치관이 약화되어 자녀들이 제공하던 여러 가지 서비스를 대체하는 시설이 대두한 것이다.

이러한 상황에서 실버층들도 보다 나은 삶의 질을 얻기 위해 독립적인 생활을 모색하지만, 신체 기능이 전반적으로 약화되고 부족분을 보충하는 서비스를 필요로 하기 때문에 앞으로 더욱 다양한 시설이 등장할 것으로 보인다.

여기서 생각해 볼 것은 노년층의 거주지 이동의 문제이다. 노인이 거주할 수 있는 시설이 지역별로 편중이 너무 심하기 때문에 평생 살아오던 거주지를 떠나 다른 곳으로 옮길 수밖에 없다는 것이다. 보통 시설을 건설하는 사람들은 실버층들이 많이 거주하는 곳이 아니라 인구가 많은 곳에 시설을 세운다. 수익 확보를 위해서는 소득 수준이 어느 정도 보장된 곳에 대규모로 시설을 지어야 하기 때문이다. 이로 인해 실버층은 거주지 선택의 자유를 잃어버리게 된다.

고령화로 빈 집이 남아돈다

일본도 고령화와 인구 감소로 일부 지역의 경우 주택이 남아도는 현상이 벌어지고 있다. 이에 빈집을 독거 노인들의 공동 주거 공간으로 개조하는 사업이 추진되고 있는데 이는 범죄예방 및 노인들의 고독사를 방지할 수 있는 효과가 있다.

우리나라도 시골은 이미 초고령사회가 되었다. 독거 노인들이 많아짐에 따라 경로당이나 마을 회관에서 공동생활을 하는 경우도 많다. 이를 통해 식사나 여가생활 등의 혜택을 누리고 외로움에서 해방되기도 한다.

시설의 입장에서 가장 중요한 것은 어떤 건강상태의 실버층을, 몇 명을, 어디에서, 어떻게 보살피는지에 대한 세밀한 계획을 전제해야 한다는 것이다. 건강한 실버층인데 활동을 제한하는 곳에 입주를 시킨다는 것은 잘못된 선택이다. 시간이 갈수록 노년층이 늘어날 것이며, 이에 따라 선택해야 하는 주거지의 종류도 달라질 것이다. 현재 공적인 차원인 정부나 지자체, 종교기관에서도 시설에 따라 많은 지원을 제공하고 있지만 실버층들의 개인적 측면을 고려하여 시설 건립과 보완 및 구비가 이뤄져야만 한다.

지방, 초고령사회의 해법은

얼마 전 신문기사에서 '레디메이드 귀농'이라는 단어가 등장했다(〈조선일보〉 2014.01.17). 한 해 귀농 농가가 1만 가구를 넘는 시대를 맞아 지방자치단체들이 귀농인 유치 경쟁을 벌인 결과 탄생한 단어다. 레디메이드 귀농이란 농사 경험이 전혀 없는 도시인도 지자체와 선배 귀농인의 도움을 받도록 고안된 제도로 지자체가 귀농을 원하는 사람들에게 살 집이나 농지, 재배와 판매까지 원스톱으로 지원해 주는 것이라 하겠다.

기사에 등장한 귀농 전문가는 귀농에 성공하려면 어느 땅을 골라서 무슨 작물을 심을지, 어떤 농법을 적용할지와 같은 암묵지(학습과 경험을 통하여 개인이 알고 있지만 겉으로 드러나지 않는 지식)를 전수받는 것이 핵심이라고 말하기도 했다.

레디메이드 귀농을 성공적으로 진행하는 전북 고창군은 1980년 대 이후 14만 명에 달하던 인구가 2011년에는 6만 여명으로 줄었지만, 2012년부터 인구가 증가했으며 2007년부터 2013년 11월까지 총 2,659가구, 5,548명의 도시민이 유입되었다고 한다.

통계청이 발표한 〈한국의 사회 동향 2013〉에 의하면 전국 248개 시·군·구 중 27%인 67개 지역이 65세 이상 인구가 20%를 넘는 초고령 사회이며, 또한 가구주 연령이 65세 이상인 노인 가구가 10곳 중 3곳인 것으로 나타났다. 이러한 추세라면 2020년에는 노인이 전체 인구의 15.5%, 2040년에는 32.3%가 되어 10명 중 3명 이상이 노인일 것으로 예측된다.

이는 미국과 영국, 프랑스, 독일을 추월해 일본 다음이 되는 것이다. 또한 1990년에는 자녀와 동거하지 않고 혼자 사는 노인 가구가 10.6%였지만 2010년에는 34.3%까지 늘었다는 점도 눈여겨 볼 필요가 있다.

이러한 환경에서 각 지자체가 도시인을 위한 귀농 전략을 세우는 것은 현명한 일이라 볼 수 있다. 대개 지방에 거주하는 실버층들은 나이가 들수록 1인 가구가 많아져 마을 회관이나 경로당 한편에서 공동생활을 영위하고 있으며, 농사도 협동하여 짓고 있다. 농사를 짓지 않는 실버층은 소득이 없이 생활하게 되어 갈수록 궁핍하게 되며, 소득원이 절대적으로 필요해진다. 따라서 이러한 공동 생활은 사회적 욕구를 충족시킬 뿐만 아니라 소득도 증대되는 효과가 있다.

사실 65세쯤 되어 지역 경로당에 나가면 자신의 나이가 가장 어리고, 10년이나 20년 위가 대부분이다. 결국 눈치를 보면서 심부름이나 기타 허드렛일 등을 해야 하므로 마음 편히 경로당에

전라남도의 귀향 광고 이미지

나가기가 어렵다. 이와 같은 상황에서 보다 젊은 연령층이 귀농한다는 것은 참으로 시의적절하다고 보인다.

도시화가 가속화될수록 자연에 사는 삶을 동경하기 마련이다. 또한 은퇴 연령도 점점 낮아져 도시에서의 삶도 힘들어졌다. 평생 직장, 평생 직업이라는 단어가 사라지고 있는 지금 귀농으로 제2의 인생을 찾을 수 있다는 것은 많은 관심을 받기에 충분하다.

지자체 입장에서는 지방으로 사람들이 이주할수록 지방 경제가 활성화되고 젊은층들의 진입으로 기존 거주민들도 삶의 활력소가 되리라 기대할 수 있다. 서로의 사회적 욕구를 충족시키는 윈-윈 효과도 나타날 것이다. 정부에서는 지역 간 격차를 감소시키는 방안으로서 귀향에 필요한 정보나 비용을 지원해야 할 것이며, 지자체는 기반 구축에 노력을 기울여야 한다.

실버 여가산업

 ## 노후생활, 가장 중요한 '이것'

100세 시대 노년기의 증가는 곧 여가 시간의 확장으로 다가왔다. 따라서 여가 활동에 대한 중요성은 나날이 커지고 있다. 은퇴 후 16만 시간의 여유를 영위하는 시기가 도래하고 있지만 이 여유가 곧 생활이 되어버린다는 점에서 노년기의 여가는 다른 연령층의 여유와는 의미가 다르다.

지금까지 대부분의 노후 생활의 경우 시간은 많지만 소일거리는 없고 시간이 갈수록 만날 수 있는 사람이 줄면서 역할이 축소되어 무료한 여가를 보내는 경우가 많았다. 이에 따라 앞으로는 남는 시간, 다시 말해 여가를 어떻게 보내느냐가 100세 시대를 맞아 매우 중요한 문제로 대두되고 있다.

현재의 노후활동에 대해 살펴보자. 보건복지부와 국민연금공단이 '노후 준비 지표'를 개발해 전국 성인 남녀에게 조사해 보니 응답자의 64.1%가 노후 여가 활동을 인식하고 준비하는 데 관심이 적으며, 현재 여가 활동에도 소극적인 것으로 나타났다(중앙일보, 2012.7.15).

삼성생명은퇴연구소도 50~70대 은퇴자 3,826명을 조사한 결과 남성의 하루 평균 TV시청 시간은 약 4시간 17분으로 취미 활동의 5배, 운동·레저의 2.4배에 달했다(동아일보, 2012.7.13).

하지만 노년기 여가 활동은 삶의 질을 향상시키고 만족도를 증진시키며 성공적 노화에 긍정적인 영향을 미치는 만큼 매우 중요하다. 따라서 그 시간을 활용할 수 있는 지식이 필요하다. 즉 여가 활동에 효과적으로 참여하고 활동하는 데도 기술이 있어야 한다는 것이다. 이것은 새로운 사업 기회이기도 하다.

따라서 이와 관련 공적 기관이나 시설에서 노년층을 대상으로 한 여가서비스의 제공이 이뤄지고 있는데, 이것을 계속적으로 보완해 지원해야 한다. 민간 산업의 경우, 노년기의 다양한 여가 욕구를 충족시키기 위해 여가에 관련된 제품이나 서비스를 개발하거나 제공하는 비즈니스 모델이 필요하다.

또한 노년층은 다른 연령 집단보다 많은 여가 시간을 가지고 있다는 측면에서 여가산업과 관련된 기업 활동에 유리한 집단이다. 따라서 산업계는 이들 시장을 주시·관찰해야 하며, 미충족된 노년층의 여가 욕구를 파악하는 것이 필수적이다. '노인이 행복한 나라가 좋은 나라이다'라는 말처럼 여가를 개인적 측면과 공적인 측면, 기업 측면에서 생각해야 할 시점이 도래하고 있다.

노인은 계속 일하고 싶다

며칠 전 노인의 날을 맞아 노인에게 가장 시급한 문제는 무엇이며 어떻게 대처해야 하는지 논의한 적이 있었다. 노인에 대한 가장 근본적인 문제는 빈곤, 질병, 고독이며 이들 문제의 해결은 매우 중요한 사안이다. 이는 자살률과 연결되기도 한다.

일전 보고된 자료에 따르면 한국의 60세 이상 자살률은 인구 1만 당 6명이 넘고, 80세 이상은 10명에 이른다. 지난 10년간 우리나라 자살률 증가 대부분은 노인 자살률 증가 때문이라고 지적하는 사람들도 있다. 특히 노인 자살은 가난과 질병, 외로움이 결합된 결과물이다. 한마디로 우리 주변에 행복하지 못한 노년을 보내는 사람이 많다는 이야기다.

베이비붐 세대가 노년으로 접어들고 있으니 앞으로가 더욱 걱정이다. 베이비 붐 세대의 노년층 편입에 따라 가장 주목해야 할 화두는 경제활동이다. 경제활동은 곧 사회적 지휘확보와 소속감으로 연결돼 외로움이나 가난을 해결하는 수단이 되기 때문이다.

통계청에 의하면 65세 이상 비취업 노년층은 전체 인구의 70.5%이다. 즉 노년층 10명 당 7명은 일이 없다. 또 현재 55-79

세인 고령층의 취업자 수는 549만 6,000명으로 이들 중 90.2%가 계속 일하고 싶어한다. 이런 상황을 해결할 해법은 없을까?

앞으로 100세 시대에 접근할수록 이 문제는 해결될 가능성이 크다. 지금까지의 사회 모든 시스템과 의식이 80세 시대에 머물고 있었지만, 노년이 20년 늘어나는 100세 시대는 80세 시대와는 여러 측면에서 변할 수밖에 없기 때문이다.

고용자 고용촉진 기본계획을 알아보자

지금 대한민국은 저출산·고령화 추세가 이어지고 있으며 이에 따른 노동력 부족을 해결하는 방법으로 노년층의 경제 활동 참가율을 높여야 한다는 논의가 진행되고 있다. 정부에서도 이에 대한 대책으로 2021년까지 5년마다 '고령자 고용촉진 기본계획'을 수립·추진해 고령자가 경제 사회를 지탱하는 활력 있는 고령사회(Active aging)를 실현시키고자 하고 있다.

특히 노년층들에게 일자리는 단순히 소득 창출 이상의 효과를 제공하는데, 이는 사회 참여를 통한 삶의 만족도를 높이며 가장 큰 사회적 비용인 의료비 감소에도 기여한다. 일자리를 제공하지 않고 정부 부담의 사회 보장비만 지급하는 것은 무리이다. 복지 지원에는 한계가 있기 때문이다. 수명이 늘어나는데 노동 시장에 잔류하는 기간이 현재와 동일하게 유지된다면 개인은 물론 국가의 부담도 커질 수밖에 없다.

이미 초 고령사회에 접어든 일본 기업의 경우, 임금 피크제, 정년 연장, 퇴직자 고용 등 고령 인력을 확보하기 위한 다양한 노력을 하고 있다. 우리나라의 경우 정년 연장에 관해서는 LS그룹이나 현대그룹 등이 도입을 긍정적으로 인식하고 있으며, 이 제도를 적용한 기업들도 있다. 또한 홈플러스나 맥도날드, 피자헛 등 유통 업체나 외식 업체들도 실버층을 채용하고 있다.

기업의 경쟁력을 높이는 원천은 사람에 있다고 판단해 기술과 경험이 풍부한 고령자 우대 제도를 도입한 후지전기도 있다. 앞으로 우리나라도 고령화가 가속될 것인 만큼 노동력 부족 사태에 대비해야 하기 때문에 여타 기업들도 정년연장에 긍정적으로 대처할 필요성이 있다.

현재 고령화는 전 세계적인 추세이며, 각 국가마다 자국의 상황에 적합한 고령화 정책을 구사하고 있다. 즉, 다양한 특수성에 맞춰 고령인력 활용을 위해서는 정부는 물론 기업도 고령자에 대한 인식 전환이나 적극적인 재교육, 고령자 고용을 확대하는

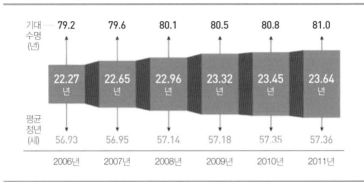

갈수록 벌어지는 기대수명과 평균 정년의 차이

	2006년	2007년	2008년	2009년	2010년	2011년
기대수명(년)	79.2	79.6	80.1	80.5	80.8	81.0
	22.27년	22.65년	22.96년	23.32년	23.45년	23.64년
평균정년(세)	56.93	56.95	57.14	57.18	57.35	57.36

자료: 통계청

한편 전직 등에 대해 지원해야 한다.

생산현장의 예를 들면 르노 자동차공장은 50대 이상 고령자를 위해 작업대를 기울여서 허리를 굽히지 않도록 만들었고 바닥에는 고무매트를 깔아 관절의 피로를 덜어주도록 작업환경을 개선했다. 일본의 후쿠니시메리야스사는 전체 종업원의 13%가 넘는 55세 이상 고령 종업원을 위해 작업장 내 전등을 일반 형광등보다 조도가 30% 더 강한 것으로 바꿨다.

따라서 100세 시대를 맞는 현 시점에서 노인 일자리와 관련해 정부와 기업은 좀 더 세심한 정책을 수립해야 하며 국민들은 새로운 시각을 정립해야 한다. 노인 역시 보살핌이나 존경만을 받

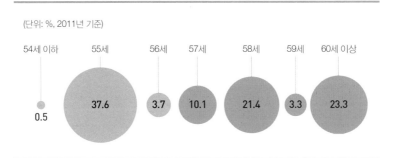

300인 이상 사업장 중 정년 56세 이하가 40%

(단위: %, 2011년 기준)

| 54세 이하 | 55세 | 56세 | 57세 | 58세 | 59세 | 60세 이상 |

0.5 37.6 3.7 10.1 21.4 3.3 23.3

자료: 고용노동부

는 존재가 아니라 삶을 마칠 때까지 사회의 일원으로서 일하는
존재라는 인식으로 사고를 재무장해야만 할 것이다.

노년층과 TV의 상관관계

　얼마 전 신문에 '막장 드라마와 고령화TV'라는 제목의 기사가 실렸다(중앙일보, 2013.6.3). '고령화TV'라는 단어에 관심이 가 읽기 시작했는데, 막장 드라마 시청률과 연관된 노년층의 현실 적 여가 생활의 한 단면을 인식할 수 있었고, 노년층에게 TV가 어떠한 기능을 하는지 다시금 생각할 수 있었다.

　그 기사는 2000년 대 중반 이후부터 TV 시청층은 급속히 고령 화 현상을 보이기 시작했는데, 막장 드라마가 뜨기 시작한 것도 비슷한 시점이라는 것을 지적한다. 또 막장 드라마의 주 시청층 은 남녀를 불문하고 50~60대이며 이는 TV를 가장 많이 시청하 는 집단이기도 하다는 것을 분석하고 있다.

　2013년의 경우 60세 이상 남자가 가장 TV를 많이 봤고(1일에 5시간 37분) 60세 이상 여자(1일 5시간 26분)가 그 다음이었다. 20대 남자가 하루에 TV를 1시간 32분 보는데 비하면 엄청난 차 이다. 기사는 이 시청 시간과 막장 드라마 편성 비율을 비교해 하 루 TV시청 시간의 절반 가까이를 막장 드라마를 보는 셈이라는 것도 지적했다.

TV의 묵직한 존재감

TV를 시청하는 연령층 대부분이 실버층이라는 것이 어떤 의미를 지니고 있을까? 현재 베이비 붐 세대를 포함 노년층 인구는 1,200여 만 명에 이른다. 흔히 노인에게는 네 가지 괴로움이 있다고 하는데 병들고, 가난하고, 고독하고 무위하다는 것이다.

이 중 무위란 아무 것도 하지 않는다는 것을 의미한다. 우리가 노년층에 대해 떠오르는 이미지 중 하나는 우두커니 집 앞에서 지나가는 사람들을 멍하니 쳐다보는 모습이다. 요즘도 도시나 시골에서 간혹 이런 노인의 모습을 볼 수 있다.

100세 시대에 노년층의 삶의 질을 향상시키려는 준비가 필요하다는 것은 모두가 인식하고 있다. 하지만 '구체적으로 어떤 것이 필요한가'에 대해서는 특히 무위와 연결하여 생각할 필요가 있다.

노년층의 무위와 여가는 밀접하게 관련이 있다. 개인차가 다양해 여가를 일괄 논하기는 어렵다. 2012년 10월 한국문화관광연구원에서 이뤄진 2012년 국민여가활동조사의 결과에 의하면 한국인의 가장 만족하는 여가 활동은 TV시청(40.1%), 산책(21.0%), 친구 만남/동호회 모임(20.9%) 순이었다. 이 중 가장 만족스러운 여가 활동 1순위가 TV시청인 것은 지난 1년간 가장 많이 하는 여가 활동과 가장 만족스러운 여가 활동이 일치함을 나타낸다.

　TV시청을 제외하고 가장 만족스러운 여가활동을 연령별로 살펴보면 40-50대는 등산, 60-70대는 산책인 것으로 나타났다. TV 시청에 대한 높은 만족도는 전 연령층에서 나타났다. 따라서 노년층에 있어 TV은 어떤 의미가 있으며 성공적인 노후를 위해서는 어떻게 활용할 것인가는 정부나 기업, 개인 모두에게 중요하다.

　노년층의 TV 시청은 노화에 따른 생물학적, 사회 심리적 변화에 기인하며, 변화의 결과로 발생하는 욕구를 충족시켜 준다. 즉

실버층을 대상으로 한
TV광고

시력 감퇴로 인쇄 매체를 읽기가 어렵고, 청각 저하로 듣고 확인하는 것이 힘들어지는데, 이런 상황이 TV에 대한 의존율을 증가시키는 것이다. TV는 시각적·청각적 정보를 동시에 제공하므로 노년층이 감각 기관의 쇠퇴 때문에 놓치기 쉬운 정보도 얻을 수 있다.

또 노인층이 은퇴나 배우자나 친구의 상실, 물리적 손상으로 인한 사회적 고립에 직면할 때 TV는 친구처럼 작용하며 교우 관계의 상실감을 대체한다. 이렇게 TV는 은퇴 후 상실했던 시간 개념을 다시 인식할 수 있도록 하는데 중요한 수단이다. 또 시간을 채우는 기능도 하는데 이는 고립된 노년층이 여전히 일하고 있는 사람들과 비교, 왜 더 무차별적으로 TV를 시청하는가에 대한 설명이 되는 근거가 될 수 있다.

요즘 실버산업에서도 TV를 활용한 사례를 볼 수 있다. 예를 들면 홈쇼핑에서 실버층은 중요한 고객으로 확고히 자리매김했다. 건강 기능 제품이나 보험 상품, 의류 및 보청기, 가전제품 등이 높은 매출을 올리고 있다.

따라서 실버제품 및 서비스를 광고하고 홍보하는 전략을 수립할 때 TV매체를 적극 활용하여야 한다. 또한 프로그램 제작자나 광고주, 혹은 기업들은 실버층에게 TV매체가 가진 기능을 고려해 효과적인 마케팅전략을 수립할 수 있다.

실버층에게 인지도가 높은 TV 프로그램을 조사하여 전후로 실버 전용 제품을 광고하는 방법도 효과적이며, 프로그램 내 간접 광고(PPL)을 실시하는 것도 좋은 아이디어가 될 수 있다.

노인의 거리를 만들자

지난 주말 학생들과 일본 노인의 거리인 스가모에 다녀왔다. 토요일이었지만 오전이기 때문에 다니는 이가 별로 없을 것이라 생각하였는데 많은 노년층들이 부부끼리, 친구들로 보이는 그룹끼리 지나다니고 있었다. 동경을 중심으로 많은 기관을 방문하기 위해 거리를 거닐었지만, 그곳만큼 많은 노인들을 보지는 못하였다.

우리나라의 경우 잘 알려진 노인의 거리는 탑골공원을 중심으로 한 지역으로, 시간이 많은 노년층들이 공원에 모여 바둑이나,

황혼재혼에 관한 신문 광고

장기, 토론 등을 하며 시간을 보내는 곳으로 소문이 나기 시작하여 요새는 노인의 거리라는 이름까지 붙여지게 되었다. 그렇다면 왜 탑골공원에 은퇴한 노인들이 모여드는 것일까? 그 이유는 다음과 같다.

보편적으로 남자들은 대부분 사회생활을 하다가 50대를 전후로 은퇴를 하게 된다. 은퇴를 앞둔 이들을 인터뷰해 보면 대개 평생을 가족이나 몸담은 직장에 시간을 사용했기 때문에 이제부터의 시간은 자신이 하고자 하는 것을 하면서 시간을 보내고 싶다고 한다. 그러나 그것이 쉬운 것이 아님을 알기까지는 그리 시간이 오래 걸리지 않는다.

가장 먼저 하는 것이 등산이나 스포츠 활동이다. 맛있는 음식도 매일 먹으면 질린다고 이런 활동을 계속 하다 보면 어느덧 다른 곳으로 눈을 돌리게 된다.

무언가 시간을 메꿀 것이 있겠지 하고 거리를 나가보면 마땅하지 않고, 계속적으로 걷다보면 마음이 불편해진다. 그렇다고 딱히 편히 쉴 공간도 없는 것 같다. 결국 무작정 외출하는 것은 시간을 보내는 좋은 방법이 아니라는 것을 알게 된다.

그 다음 선택하는 것이 비슷한 연령층은 어떻게 시간을 보내는가를 알아보는 것이다. 그 중 하나가 종로 거리에 나와서 자기와 비슷한 연령층이 있는지, 그들이 어떻게 시간을 보내는지, 나와 잘 맞는지 등을 파악해 보는 것이다. 거리에는 자신과 동일해 보이는 연령층들이 많기 때문에 마음이 놓이고, 식당이나 카페에 들어가도 자기와 비슷하거나 더 많아 보이는 연령층이 있어 마음이 편안해진다. 하지만 지금 우리나라의 종로 거리가 효율적이고 긍정적인 정보를 제공해 주는가는 다소 의문이 든다.

우리나라에도 제대로 된 노인의 거리가 필요하다

이제까지 은퇴 준비라고 하면 은퇴 자금, 소속 집단, 건강, 여가활동 등을 중심으로 생각했는데 하지만 노인의 거리를 효과적으로 활용할 수 있는 방안을 모색하는 것도 그에 못지않게 중요한 일이다.

비슷한 연령층이 많이 다니고, 자기가 필요로 하는 정보를 용이하게 얻을 수 있으며, 지식 제공이 가능한 전문 기관이 위치해 있으며 실버층에게 필요한 제품을 구입할 수 있는 곳. 그 곳이 생산적인 노인의 거리가 될 것이다. 또한 노인층은 그러한 곳을 몇 번이고 방문하게 될 것이다.

노인의 거리를 설정할 때는 앞으로 은퇴 후 실버층으로 편입

될 연령층이 어느 지역에서 많이 활동하는 가를 알아보는 것도 유리하다. 예를 들면 빅데이터를 활용해 선정한 상권 중 40·50대 남성 비중이 가장 높은 상권은 대부분 교통이 편리한 환승역 인근으로 집계되었다.

하루 평균 유동인구가 38만 935명인 서울 신당역과 동대문역사문화공원역 인근은 40·50대 남성 인구 비중이 24%에 육박했다. 지하철 2·3호선 환승역인 서울교대역과 남부터미널역 주변 지역, 지하철 2·8호선이 만나는 잠실역 인근도 각각 2위와 5위에 올랐다. 전국에서 두 번째로 큰 황혼 상권은 서울 영등포시장 인근이 차지했다. 재래시장과 식자재, 화학제품 등을 취급하는 도소매 업체가 많아 여기에 종사하고 동시에 이를 이용하는 40·50대가 주류를 이루고 있다. 이처럼 실버층이 응집하기 쉽고 유동인구가 많은 지역의 특성을 정리해 노인의 거리를 형성하는 것도 효과적이다.

따라서 공적인 차원인 정부나 지자체, 실버 관련 기관에서도 노인의 거리가 실버층들에게 주는 의미를 되새겨 보아야 하며, 기업이나 개인 사업가들이 먼저 특정한 곳을 선택하여 노인을 거리를 만들어 보면 어떨까 생각해 본다.

노인의 거리를 걷는 실버층들이 무엇을 원하는지, 그것을 충족시킬 방법은 무엇인지 등을 생각하여 그들의 성공적인 노후를

나이별 대한민국 파워상권

20대 상권

상권	하루 유동인구 (20대 비중)
1위 부산 서면역	36만 명(29%)
2위 인천 부평시장역	30만 명(22%)
3위 대구 대구역	24만 명(25%)
4위 대구 반월당사거리	19만 명(27%)
5위 서울 서울대입구역	18만 명(21%)

직장인 상권

상권	하루 유동인구 (직장인 비중)
1위 서울 강남역 남부	44만 명(47%)
2위 서울 선릉역	42만 명(49%)
3위 서울 학동역	38만 명(19%)
4위 서울 종각역	33만 명(41%)
5위 서울 강남역 북부	33만 명(45%)

남성 상권

상권	하루 유동인구 (20·50대 비중)
1위 서울 신당역·동대문역사문화공원역	38만 명(24%)
2위 서울 교대역·남부터미널역	31만 명(26%)
3위 서울 성수역	30만 명(29.36%)
4위 서울 종로5가역	20만 명(29%)
5위 서울 잠실역	19만 명(25%)

황혼 상권

상권	하루 유동인구 (50대 이상 비중)
1위 부산 자갈치·국제시장	40만 명(36%)
2위 서울 영등포시장	23만 명(34%)
3위 부산 사하구 하단역·당리역	15만 명(35%)
4위 부산 범일동역	13만 명(37%)
5위 부산 연산동역	12만 명(41%)

*2014년도 2월 기준, 자료: SK텔레콤 지오비전

출처: 〈매일경제신문〉 2014.6.16일자

위해 일익이 되어야 할 것이다.

　예를 들면 금융 정보나 일자리 정보를 제공하는 센터를 설립하거나 다양한 여가를 즐길 수 있는 문화센터를 지자체나 기업이 협력해서 운영하는 방법이 있다. '다시 찾고 싶은 노인의 거리'를 조성해 가야 한다.

제품과 서비스

 어버이날에 적합한 선물은 무엇일까?

5월 8일 어버이날 대부분 사람들은 어떤 선물이 좋을지 깊이 생각해 보기보단 그날 즈음에 발표되는 매스컴의 통계를 보고 부모님에게 용돈을 드리거나 옷 한 벌을 사다드리는 것으로 행사를 마감한다.

그러나 실버 산업을 공부하고 강의하는 필자로서는 '과연 그렇게 하는 것이 합당한 자세일까?' 하는 생각과 더불어 이런 양상에 대해 깊이 생각해 보게 된다.

우리나라 전체 가구 수는 1,795만 가구로 조사되었고(2012) 이 중 고령 가구(가구주 연령이 65세 이상인 가구)와 독거 노인 가구(가구주의 연령이 65세 이상이면서 혼자 사는 가구) 수는

457만 5천 가구로 전체 가구 수의 26%를 차지했다. 앞서 말한 대로 독거노인 가구 수는 점점 더 증가할 전망이다.

부모님 선물을 드릴 때 어떤 것이 가장 적합한지는 그 분들의 일상생활을 잘 살펴보면 파악할 수 있다. 노년층을 대상으로 비즈니스를 하다는 것이 어렵다고만 할 것이 아니라 노년층이 다른 연령층과 마찬가지로 특정한 욕구를 가지고 있다는 것을 이해해야 한다. 또한 그들의 생활이 젊은 연령층과 크게 다르지 않다는 것도 인식해야 한다. 그럼으로써 다양한 제품과 서비스에 대한 시장 기회를 파악할 수 있다.

가장 불편한 점을 공략하라

다시 말하면 부모님이 가장 불편해 하시거나 자식의 입장에서 걱정이 되는 부분을 생각해 보라는 것이다. 이런 점을 해결해 줄 수 있는 제품이나 서비스가 시장에 존재하지 않는다면 사업 기회의 계기로 삼을 수 있다.

예를 들어 노년층들은 일상생활, 즉 가정 내에서 사고를 당하는 경우가 가장 많다. 한국소비자원이 2010년 1월부터 7월까지 소비자위해감시시스템(CISS)에 접수된 65세 이상 고령자 안전 사고 1,422건을 분석한 결과, 48.8%(694건)가 가정 내에서 발생한 것으로 나타났다.

장소는 화장실이나 계단, 방바닥에서 넘어지거나 미끄러져 다치는 사고가 50.0%(347건)로 가장 많았는데 사고 후 들어가는 비용보다 이를 예방하는 비용이 훨씬 적게 든다는 것은 시사하

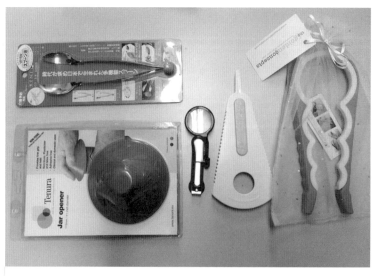

왼쪽 위: 젓가락을 사용할 수 없는 사람에게 뜨고, 잡고, 찌르기가 간단한 스푼
왼쪽 아래: 보다 쉽고 간편하게 개폐가 가능한 병뚜껑오프너
가운데1: 렌즈를 사용, 손톱과 발톱을 깎을 수 있는 손톱깎이
가운데2: 앞 쪽에 나있는 홈을 이용, 참치 캔 등을 따거나 둥근 부분에 맞춰 병 뚜껑을 쉽게 열수 있는 오프너
오른쪽: 둥근 부분에 적합한 크기의 병뚜껑을 쉽게 열 수 있는 오프너

는 바가 크다.

예를 들어 목욕탕에서 미끄러져 낙상을 입는 것은 연령대를 불구하고 큰 위험이며 노년층의 경우는 더 심각하다. 물론 기존에도 낙상을 예방하는 많은 제품들이 판매되고 있다. 하지만 노년층을 고려한 독특한 제품이라면 추가적인 구매를 유도할 수 있을 것이다.

이런 상품은 새로운 아이디어를 필요로 하는 것이 아니다. 다만 기존의 제품을 개선하거나 변화를 주는 것으로 국내시장뿐만 아니라 세계시장에서도 많은 판매를 유도할 수 있다.

또한 혼자 사시는 부모님을 생각할 때 가장 걱정이 되는 것은 가스레인지로 인한 화재이다. 사실 필자도 여러 번 심각한 상황에 처한 적이 있다. 이를 해결하는 기구가 개발되었다고 알고 있지만 이런 제품이 모든 노년층 가구가 쉽게 사용할 수 있도록 보완된다면 더 높은 판매고를 올릴 수 있을 것이다.

얼마 전 들은 지인의 이야기도 추가해 보겠다. 어머님은 혼자서 사셨는데 외국에 사는 형제가 방문하여 한두달 함께 거주하다가 돌아갔다. 어머님은 여러 가지 약을 복용하셨는데 형제는 돌아갈 때 어머님이 약을 잊지 않게 복용하시도록 식탁에 꺼내

놓았다고 한다. 그런데 문제 상황이 발생했다. 어머님께서 식탁에 약이 있으니 약을 이미 드신 것을 잊으시고 여러 번 드시다 심각한 상황에 처했다는 것이다. 사실 이런 일은 노년층뿐만 아니라 젊은 사람들도 경험할 수 있을 것이다.

시간대에 따라 약의 봉투 색깔을 다르게 제공하면 이런 문제가 발생하지 않았을 것이다. 이처럼 조금만 관심을 가지면 많은 노년층에게 절대적인 도움을 제공하면서도 수익성이 높은 제품을 개발할 수 있다.

근래 노년층을 대상으로 제품이나 서비스가 출시되고 있고, 또한 성공에 이르기 위한 많은 전략들이 제시되고 있다. 그러나 노년층을 위한 기존에 없는 혁신적인 제품 개발에만 몰두하는 것이 아니라 기존의 제품을 노년층 소비자의 필요성에 적합하게 개선하는 것도 잊지 말자. 이것만으로 판매 가치가 높은 제품 출시가 가능하다.

 그대를 사랑합니다

50-60대 성인 남녀 507명을 대상으로 황혼이혼에 대해 설문 조사한 결과, 응답자의 70.4%가 황혼이혼에 공감한다고 답했다. 또 응답자의 67.7%는 '부부가 사랑하지 않는다면 이제라도 헤어져야 한다'는 주장에 찬성했고 70.4%는 '이성 친구가 있으면 좋겠다'고 답했다(〈한국경제〉 2014.2.5). 또한 통계청에서 발표한 50세 이상 재혼관련 자료에 의하면, 재혼여성은 1982년 6.0%에서 2012년 21.8%, 남성은 15.5%에서 35.6%로 증가하였다.

한국에서 근래에 영화로 등장한 작품 중 웹툰을 원작으로 한 〈그대를 사랑합니다〉도 있다. 영화 인기에 힘입어 tv에서 드라마로 방영되기도 하였다. 관람 평이 궁금해 주변 사람들에게 물어보았는데, 연령층은 다양하지만 영화를 보다가 눈물이 나왔다는 대답이 많았다. 영화의 내용이 일상적이고 사실적이었다는 것이 마음을 움직인 것이다.

나이가 들어감에 따라 사람은 인생의 특정 단계에서 비슷한 경험을 하게 된다. 물론 그 사람이 처한 환경에 따라 다를 수 있겠지만, 일반적으로 인생에서 가장 큰 스트레스 1위는 배우자를 잃는 것이다. 그 영화에서도 배우자를 잃은 할아버지의 심리적 외로움이나 사랑받고자 하는 욕구가 드러나 있었다. 이런 감정을 감추기 위해 오히려 불량노인(?)으로 위장하는 면도 느낄 수 있었다.

실버층의 연애는 아름답다

100세 시대를 맞아 인생의 패러다임이 변화하고 있다는 것은 변화의 소용돌이에 있는 우리는 잘 느낄 수 없지만 위에서 언급된 조사 결과나 TV, 영화를 보면 알 수 있다. 노년층의 라이프스타일이 변화해 과거 유교 문화에서는 언급조차 하지 못했던 황혼이혼과 재혼이 일반적인 현상으로 나타나고 있다. 공개적으로 배우자를 소개 받으려 할 만큼 노년층의 의식도 변화했다.

노년층이 재혼을 결심하게 된 가장 큰 이유는 '외로움, 자녀로부터의 독립, 새로운 미래에 대한 희망' 등의 순이었고, 결심을 거둔 이유는 '자녀들의 반대, 미래에 대한 불안감, 자녀 혹은 상대방에게 부담주기 싫어서'의 순서로 나타났다. 참고로 이웃 나라 중국에서도 노년층들의 재혼에 대해 자녀들이 반대해 동거로 그치는 노년층이 대다수라고 한다.

어찌되었건 재혼의 가장 큰 이유인 외로움은 건강에 치명적이

황혼재혼에 관한
신문 광고

다. 이는 심각한 우울증을 야기한다. 기억력이나 집중력이 치매 수준으로 심각하게 떨어지는 경우도 많으며, 극단적인 선택으로 이어질 가능성이 크기 때문에 사회적으로나 개인적으로 관심을 가져야 한다.

사별과 황혼이혼 등으로 '싱글 실버족'이 늘면서 재혼을 위해 결혼정보회사에 가입하는 노령인구도 큰 폭으로 증가한 것으로 나타났다. 결혼정보회사 레드힐스는 가입 회원 중 60·70대 싱글 실버족이 차지하는 비율이 7.4%로 지난해 2.6%보다 세 배 가까이 늘어났으며 특히 남성 중심의 70대 고객층이 새롭게 형성됐다고 밝혔다. 이 회사의 전체 회원 중 60대 이상은 100명당 7명 꼴이며, 남성이 71.4%, 여성 28.6%의 분포를 나타냈다.

이중 60대는 남성이 67.2%, 여성이 32.8%였고, 70대는 100% 남성만 가입했다. 여성 중 최고 고령자는 68세다. 이 업체는 70세 이상 고령자는 가입을 받지 않았다. 그러나 고령자들의 상담 문의가 늘어남에 따라 가입 연령을 완화하고 '로맨스 그레이'라는 프로그램을 개발하는 등 적극적인 마케팅을 펼치고 있다.

노년층의 생이 죽음을 기다리는 무위의 시간이 아닌 한 인생의 마지막 단계임을 생각할 때 그 시간은 굉장히 중요하다. 성공적인 인생을 보내기 위해 그들이 자신들의 욕구를 충족시켜야 한다는 것은 사회적으로나 개인적으로나 당연한 일이다.

그러므로 노인의 재혼과 관련하여 정부나 시설 혹은 사적인 조직체에서 전문적인 프로그램이나 이에 대한 전문 상담기관을 확대하는 것도 필요하다.

연령대별 재혼 건수

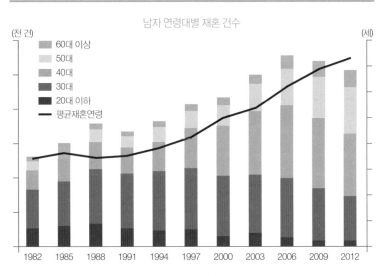

남자 연령대별 재혼 건수

(천 건)   (세)

- 60대 이상
- 50대
- 40대
- 30대
- 20대 이하
- ── 평균재혼연령

1982   1985   1988   1991   1994   1997   2000   2003   2006   2009   2012

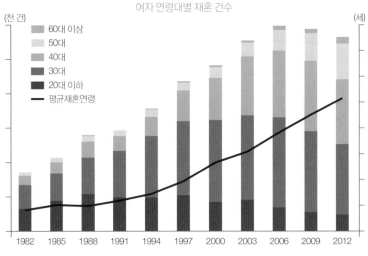

여자 연령대별 재혼 건수

(천 건)   (세)

- 60대 이상
- 50대
- 40대
- 30대
- 20대 이하
- ── 평균재혼연령

1982   1985   1988   1991   1994   1997   2000   2003   2006   2009   2012

출처: 통계청 "우리나라의 이혼 및 재혼 현황", 2012

가끔씩 뉴스거리로 등장하는 어버이날의 황혼미팅 이벤트를 계속적인 프로그램으로 개발하거나, 노년층과 가장 가까이에 있는 복지관이나 종교단체 등도 이에 대해 관심을 가져야 한다.

　실버산업 측면에서 살펴보면, 근래에 신문 등 매체에서 황혼 재혼과 관련된 광고를 많이 볼 수 있는 것으로 보아 결혼정보회사 등 황혼 재혼 상품을 취급하는 곳이 많아졌다는 것을 알 수 있다. 이와 관련 재혼자들의 자녀문제나 재산분할 등 유산 갈등을 피하기 위한 관련업체의 시장 역시 점차 커질 것으로 보인다.

노인체험관 방문기

　일전에 학기 행사인 해외탐방을 일본으로 갔었다. 여러 가지 시설이나 기관 방문이 예정되어 있었는데, 그 중 하나인 복지관 탐방에 관심이 많이 기울어졌다. 은퇴 후 여가시간을 어떻게 효율적으로 보낼 수 있는가는 실버층들의 육체적인 건강 뿐만 아니라 정신적 건강에도 큰 영향을 끼치기 때문이다.

　그곳은 실버층을 위한 다양한 프로그램을 많이 개설해 놓고 있었으며, 회원들이 건강 수준에 따라 이용하고 있었다. 보통 우리나라 복지관 프로그램과 별반 다름이 없었지만 댄스를 좋아하는 실버층이 많다는 것이 상당히 고무적이었다.

　우리나라 복지관은 대개 65세 이상 지역민이 이용하는데 노래교실이 인기가 제일 많다. 개설한 프로그램에 대해 배우고자 하는 욕구가 없거나 원하는 프로그램이 마련되지 않은 경우 대다수가 TV를 시청하곤 한다.

　그러나 근래 들어 베이비부머 세대가 실버층에 편입되면서 복지관의 프로그램도 더욱 다양해 질 것으로 예상된다. 이들은 이전의 실버층들과는 라이프스타일이 크게 다르기 때문이다. 그들은 개성이 강하고, 적극적이며 신체적으로도 건강하다. 따라서 다양한 여가활동 욕구를 가지고 있다.

　방문했던 일본 복지관의 경우 자체적으로 음료수나 기타 과자 등을 판매하는 점포도 있었고 옆 건물 1층에는 노인체험센터도 있었다. 학생들은 각 팀별로 나누어 여러 체험을 하였는데, 이론적으로 '실버층은 노화로 인해 이러이러하다' 라는 것만 듣다가 실제로 노화로 인한 다양한 현상에 대해 체험해 보니 많은 생각을 하게 되었다고 말했다. 치매 예방에 게임기를 이용하는 프로그램을 보면서 역시 일본이라는 생각도 들었다. 복지관을 방문하는 또 다른 연령층의 사람들에게도 노화현상에 대한 체험의 기회를 넓혀 긍정적인 효과를 누리고 있었다.

노인을 이해할 수 있는 공간이 필요하다

　우리나라의 경우에도 이러한 수준높은 체험관이 필요하다. 실버층에 대한 실질적인 이해를 돕기 때문이다. 많은 사람들이 실버층에 대해 '우리 부모, 우리 이웃, 우리 친척'과 같은 관계를 형성하고 있고 나이가 드신 분이라고 이해하고는 있지만, 나이 듦에 따른 변화를 100% 느끼기란 불가능하다. 그것은 이해만으로

서울 효창동 노인중앙회 노인체험관

공공 생활 체험 공간

공공 생활 체험 공간은 주택에서 가족 모두가 공유하여 사용하는 공간으로 현관체험, 주방체험, 거실체험, 시·청·촉각 체험실로 구성되어 있으며, 일반적인 생활공간과 어르신 편의를 위하여 제작된 공공 생활을 비교체험할 수 있다.

- 현관체험: 단차해소기, 벤치, 신발장
- 주방체험: 세탁기, 싱크대, 선반장, 냉장고, 일반가스레인지, 전자식 레인지, 휠체어 사용자 식탁, 각종 노인용 식기
- 거실체험: 소파이용, 신문, 잡지 읽기
- 시·청·촉각체험: 컴퓨터를 이용한 시청각 약화체험, 노인용 촉각체험

개인 생활 체험 공간

개인 생활 체험 공간은 주택에서 개인이 단독으로 사용하는 공간으로 욕실체험, 좌식, 침실체험, 문손잡이, 가구손잡이 체험들을 할 수 있도록 구성되어 있다. 이 공간을 통해 어르신들이 생활 공간에서 겪는 어려움과 이러한 어려움을 완화하기 위하여 제공되어지는 편의시설을 체험할 수 있다.

- 욕실체험: 욕조용 벤치, 욕조용 리프트, 욕조용 핸드레일, 높낮이 세면대, 샤워용 의자, 변기높이시트, 변기용 핸드레일, 휠체어샤워의자
- 좌식, 침실체험: 온돌과 침대사용의 비교 체험
- 문손잡이, 가구 손잡이 체험: 일반식, 레버식 문손잡이, 4가지 종류의 가구용 손잡이

출처: 서울 효창동 노인중앙회 노인체험관

가능한 것이 아니기 때문이다.

예를 들면 노화에 따른 시각의 변화를 이야기해보자. 이때에는 돋보기가 필요하게 되는데 자신이 직접 돋보기를 써 봐야 노화에 따른 실버층들의 변화를 뚜렷하게 체험하게 된다.

어머니께 설거지를 하시지 말라고 했는데 그 말을 듣지 않으신다고 하소연하는 사람도 있었다. 설거지를 해도 그릇이 깨끗하지 않다는 것이었다. 하지만 부모 입장에서는 자신의 노화와 상관없이 자식의 가정생활을 도와주려는 행동이라는 것을 이해할 필요도 있다.

어머니 음식이 먹고 싶어 집에 갔더니 옛날 음식 맛이 나지 않더라는 이야기도 종종 듣게 된다. 이것은 맛을 느끼는 감각인 미뢰가 감소하여 예전 맛을 내지 못하기 때문이다.

실버층이 거주하는 집은 TV 소리나 말하는 소리 등이 클 수밖에 없다. 청력이 감소한다는 것은 알아도 실제 생활에서는 이러한 것을 소음으로 간주하기도 한다. 또 부모의 후각이 쇠퇴한 것을 모르는 자식이 냄비의 음식이 타고 있는데 왜 모르냐고 타박하는 경우도 있다.

사업을 시작하려는 기업이나 개인사업자들에게는 특히 체험관에 들르라고 권하고 싶다. 여러 가지 기구들을 사용하며 실버층을 이해하는 것이 중요하기 때문이다. 노화가 진행될수록 손의 악력도 줄어들고 키도 근육이 감소함에 따라 작아진다. 따라서 이러한 변화에 적합한 새로운 가정제품이나 개인용품이 무엇인지 생각해 볼 기회가 된다.

실버박람회가 거듭될수록 여러 가지 다양한 제품이나 용품이 개발되어 시판되고 있다. 하지만 제품을 위한 제품, 머리로만 생각해낸 제품도 간혹 보인다. 이것이 진짜로 노인을 위한 제품인가를 다시 한 번 노인의 입장에서 봐야 한다.

"돈이 있어도 살 물건이 없어요"

일본의 어느 학자는 "한국은 시니어 시장의 잠재성을 잘 모른다"고 언급했다. 국내에 노년층을 위한 물건의 종류가 많은 편인지 묻는 질문에도 응답자의 34%가 '그렇지 않다'고 답했는데, '그렇다'고 답한 답변(15.6%)의 두 배에 달하는 수치다(〈동아일보〉 2013.8.19). 이것은 국내에선 실버층을 타겟으로 한 제품과 서비스가 제대로 발전하지 않았다는 의미이다.

실버시장이 기업들의 기대만큼 성장하지 못한 것은 기업들의 접근 방법이 부족했기 때문이라는 진단도 있다. LG경제연구원은 〈시니어 비즈니스, 섬세하고 포용적인 접근으로〉라는 보고서를 통해 시니어 시장을 키우려면 기업들은 연령 차별적 시각이 아닌 포용적인 관점에서 좀 더 정교한 전략을 고민해야 한다고 주장했다.

보고서는 나아가 시니어 시장에 대한 기업들의 기대는 컸지만 현실은 기대에 미치지 못했다며 무엇보다도 시니어 시장에 대한 기업들의 관심과 노력이 부족했기 때문이라고 설명했다. 또 한편으로는 시니어 소비자들이 정작 시니어 상품 구매를 꺼리고 기업들이 시니어 시장에 적극적으로 진입하기를 부담스러워하는 면도 있다고 밝혔다.

보고서는 많은 기업들이 고령 소비자들을 부정적이고 차별적인 시각으로 대하고 있으며 그 이유를 기업들의 고령 소비자에 대한 이해수준이 아직도 많이 낮기 때문이라고 했다. 그러면서 대부분의 기업들이 실제 시니어 시장의 수요나 구매력에 대한 분석을 적극적으로 하지 않고 있다고 분석했다. 세계적인 컨설팅회사인 BCG도 자사 고객 기업의 5% 정도만이 시니어 시장을 제대로 이해하는 것 같다고 지적했다(LG경제연구원, 2014.2.23).

그러면 앞에서와 같은 의견이 나오는 것은 무엇 때문일까? 그것은 기업이 실버시장에 관한 여러 가지 고정관념을 가지고 이 시장을 일반화하기 때문이다. 이것은 종종 잘못된 결정을 하게 하여 부정적인 상황을 만들게 한다.

즉 이 시장에 대해 정보가 부족하고 잘 알지 못하기 때문에 현재 많은 기업이 시장 진출을 주저하거나 어렵게 여기고 포기하게 되는 것이다. 이 시장은 매우 다양하고 세분화된 시장이다. 사람이 오래 살면 살수록 점점 다른 사람과 차이를 보이는데, 개인마다 연령에 따른 생리적, 심리적, 사회적, 정신적 변화가 다르기 때문이다.

따라서 실버시장에는 많은 이질성이 존재한다는 사실을 명심해야 한다. 특히 구매행동의 이질성은 더욱 크다고 할 수 있으므로 이에 대해 제대로 이해해야 고정관념을 버리게 되고 정확한 경영전략을 수립할 수 있다.

온라인에서 변화가 시작되다

실버산업의 전망을 밝게 보는 것은 자산과 소득 수준이 높은 베이비부머들이 실버층에 편입되기 시작하였기 때문이다. 베이비 부머들은 패션이나 건강 혹은 여가 등 다양한 분야에 관심이 많고 구매욕구를 가지고 있다.

이미 세심하게 주위를 둘러보면 베이비 부머를 포함한 실버층을 대상으로 활발하게 판매되는 제품이나 서비스들을 찾아볼 수 있다. 백화점이나 마트, 온라인 쇼핑몰, 홈쇼핑 의류 등이나 거리 곳곳의 실버 전용 헤어숍, 젊어 보이게끔 해주는 제품과 미용 서비스 등이 있다.

실제로 GS샵은 국내 최초 50대 이상 시니어 고객들을 위한 쇼핑몰 오아후(www.oahu.gsshop.com)를 오픈했다(2013.4.17). 오아후는 '오십대부터 시작하는 아름답고 후회 없는 삶을 위한 라

실버층을 위해 구매 방식을 개선한 쇼핑몰, 오아후

이프스타일 쇼핑몰'이라는 뜻으로 건강한 삶, 즐거운 삶, 아름다운 삶, 편안한 삶 등 4개의 쇼핑 카테고리를 설정해 화장품부터 여행 상품까지 다양한 상품을 판매한다.

노인의 편안한 쇼핑을 위해 기존 GS샵보다 글자도 1.5~2배 키웠다. 인터넷 사용은 익숙하더라도 인터넷 쇼핑몰에서 결제까지 마치는데 부담을 느끼는 어르신들을 위해 주문전화도 받는다. 홈페이지 상단에 게재된 전화번호로 연락하면 전문 상담원이 쇼핑의 전 과정을 안내해 준다. 오아후의 주요 고객층은 50대 이상 여성으로 구매의 45%를 차지한다. 일평균 방문자 수는 4만 명을 웃돈다고 한다. 백화점이나 온라인 쇼핑몰, 홈쇼핑이나 마트에서의 연령별 매출액도 비교해 보면 다른 연령층보다 실버층의 매출이 증가함을 알 수 있다.

현재 우리나라의 실버산업은 각 산업 군에 따라 수명 주기가 다르다고 할 수 있다. 또한 시장 특성상 대기업보다 중소기업의 진입이 두드러진다. 과거부터 실버층이 존재하기 때문에 실버시장은 이미 형성되었지만 앞으로 더욱 시장이 활성화될 것이며 대기업도 적극적으로 진입할 것이다.

그러나 기업이나 개인사업자는 판매하게 될 제품이나 서비스에 대해 명확한 타깃을 성립하고 그에 따른 포지셔닝, 합당한 가격, 유통 경로 개발, 촉진 활동 등 체계적인 마케팅 전략을 정확한 자료에 근거해 수립해야 목표를 달성할 수 있을 것이다.

준비된 죽음이 아름답다

지난 주 잇달아 지인들의 어머님이 돌아가셨다는 연락을 받고 문상을 다녀왔다. 한 분은 오랫동안 치매를 앓으시다가 돌아가시는 순간에는 식구들을 알아보지 못하는 상황이었다고 하였고, 다른 한 분은 지병으로 고생하시다가 가셨다고 했다.

자식의 죽음에 관한 부모의 입장을 대변하는 많은 옛 이야기가 있지만 부모를 떠나보내는 자식의 입장에서도 인생의 한 축이 사라진 회한과 아쉬움이 든다.

현재 우리 삶의 화두로 웰빙을 넘어서 웰다잉이 부상하고 있다. 웰다잉(Well-Dying)은 말 그대로 잘 죽는 것을 말한다. 웰빙 못지않게 아름답고 품위있게 인생을 마무리하는 것이 사회적으로 확산되는 것이다.

고령사회로의 속도가 가속되면서 우리가 관심을 가지고 대비할 것이 여러 가지가 있지만 인생의 마지막 단계인 웰다잉과 관련해서도 고려할 필요가 있다. '마지막 길, 가족과 집에서 지내다 떠나고 싶은데(〈중앙일보〉 2013.5.16)'라는 기사를 보면 노년층이 원하는 임종 장소는 집(46%), 요양원(38%), 병원(11%)의 순으로 나타났다.

자택을 선호한 이유는 가족과 많은 시간을 보낼 수 있다는 점이었다. 병원의 경우 가족을 볼 기회가 없어 이런 상황을 피하고 싶은 것이다. 임종 전에 마지막을 집에서 편안하게 보내며, 가족, 친지, 친구. 이웃 등과 맺힌 것을 풀고 삶을 정리하는 것이 중요하다고 생각하는 것으로 보인다.

'웰다잉에 대한 국민 인식 조사(중앙일보, 2012.4.28)' 결과, 응답자의 36.7%가 삶의 아름다운 마무리를 위해 가장 중요한 요소로 '다른 사람에게 부담 주지 않음'을 꼽았다. '가족이나 의미 있는 사람과 함께 있는 것(30%)'은 그 뒤를 이었다. 또 삶을 아름답게 마무리하기 위해선 말기환자 간병을 도와주는 지역별 간병품앗이 활성화(88.3%), 의료인의 임종환자 관리 교육(83.7%), 병원·집 근처에 의료·간병서비스를 받을 수 있는 시설 마련(81.7%), 삶의 아름다운 마무리를 위한 문화 캠페인 전개(81.6%) 등이 필요하다고 답했다.

최근 도시화로 인해 가구형태도 핵가족화 됨에 따라 현재 노인 부부 핵가족이나 독거노인 수 (가구 주 연령 65세 이상)는 457만 5,000가구로 집계되었다. 이는 전체 가구 수의 26%며, 앞으로도 노인독거가구 수는 계속해서 증가할 것이다.

전체 노인 및 독거노인 증가 추이

(통계청 '고령자 통계' 기반 추정치, 단위: 명)

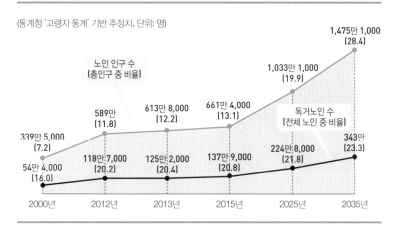

노인 인구 수
(총인구 중 비율)

1,475만 1,000
(28.4)

1,033만 1,000
(19.9)

589만
(11.8)

613만 8,000
(12.2)

661만 4,000
(13.1)

독거노인 수
(전체 노인 중 비율)

339만 5,000
(7.2)

343만
(23.3)

54만 4,000
(16.0)

118만 7,000
(20.2)

125만 2,000
(20.4)

137만 9,000
(20.8)

224만 8,000
(21.8)

2000년   2012년   2013년   2015년   2025년   2035년

자료: 보건복지부

따라서 노후 설계의 필요성이 강조되는 만큼 금전적인 측면뿐
만 아니라 웰다잉도 고려하는 것이 필요하다. 부모로서 혹은 조
직의 구성원으로서 또 자기인생의 주인으로서 마지막 삶을 잘
정리하고 준비할 수 있도록 설계해야 한다.

일본에서는 이와 관련된 새로운 비즈니스가 등장하고 있다.
혼자 사는 실버층의 유품을 처리해 주는 비즈니스나 장례대행사
광고도 활발하다. 유품을 처리하는 키패스는 원래 일반 이사업
체였으나 독거노인가구가 증가함에 따라 업종을 전환하였는데
유족들에게 필요한 유품을 챙기게 한 후 나머지를 처리한다. 건

당 25만엔 선으로 평균 이사비용(5만 엔)보다 훨씬 비싸지만 예약자가 꾸준히 늘어나고 있다. 또 장례대행사들도 고령자나 그가족을 대상으로 예약제를 실시하고 있는데 자신이나 가족의 장례를 여유 있게 준비할 수 있다는 점에서 인기가 높다고 하며 미리 예약하면 할인도 해 준다고 한다.

한편, 실버산업 중 장묘산업은 보통 장례 관련 비용과 장묘 관련 비용으로 구성된다. 즉 장례비용으로는 접객비, 장의용품, 염습비, 장의식당 비용, 차량 비용 등이 있다. 장묘 관련 비용으로는 매장의 경우 매장 비용, 묘지 및 석물구입비가 있으며, 화장의 경우, 납골 안치비 등이 있다. 국내의 장례식장 및 관련 서비스업의 사업체 수는 2009년 2,686개, 매출액은 1조 837억 원으로 매년 증가하였으며, 시장규모는 2015년에는 3조 1,203억 원, 2020년은 3조 5,245억 원으로 늘어날 전망이다.

장례는 예전부터 엄숙하게 예를 갖추어 진행되어 왔으며, 시간과 돈이 많이 들어가고 준비를 해야 하는 일이다. 도시에서 생활하고 있는 사람들이 대부분이기 때문에 상조회사를 이용한 장례서비스를 제공받는 상황이 증가하고 있다. 광고나 홍보 등 촉진활동도 점차 늘어나고 있다. 한국보건사회연구원에 의하면 2013년 우리나라 사망자 1인당 평균 장례비용은 1,200만원 정도라고 하니 꽤 유망한 사업이라 하겠다.

웰 다잉에 관심을 갖는다면 죽음의 순간을 가치있고 편안하게 보낼 수 있도록 돕는 서비스 제공도 가능하지 않을까? 실버층에게 죽음은 그리고 눈앞에 닥칠 수 있는 중요한 일이기 때문이다.

사례로 보는 실버산업

 눈을 돌리면 기회가 보인다 – 해외 비즈니스 사례 (1)

노인인구가 계속 증가함에 따라 새로운 제품이나 서비스에 대한 수요가 발생하고 있다. 문제는 새로운 시장이 창출되고 있지만 기업이 접근하기가 용이하지 않다는 데 있다.

젊은 고객의 경우 대개 욕구가 있으면 그 욕구를 충족시켜줄 제품이나 서비스의 구매로 연결될 가능성이 높은데, 노년층의 경우 그들의 욕구를 충족시킬 제품이나 서비스를 제공하여도 구매하지 않을 가능성이 크기 때문이다. 그 이유는 그 제품이나 서비스가 욕구를 충족시킨다고는 믿지만, 그 제품을 구매함으로써 자기가 '노년층'임을 인정하기는 원하지 않기 때문이다.

기업이 목표를 달성하기 위해서는 고객의 욕구를 파악하고 고객의 특성에 적합한 마케팅 전략을 수립하여야 하는데, 지금은 그 핵심이 되는 실버 고객에 관한 정보가 부족하고 어떻게 접근할 것인가에 대한 지식이 거의 없는 실정이다. 그러므로 우리나라보다 앞서 고령사회를 맞이한 나라들의 사례를 보고, 노년층들의 욕구를 충족시키고 있는 제품 및 서비스에 대해 살펴보고자 한다.

단카이 세대, 지갑을 연다

세계 최고의 고령사회인 일본의 경우, 1947년에서 1949년 사이에 태어난 단카이 세대가 제1차 베이비 붐 세대로 일본 인구의 약 5.3%를 차지하고 있다(2020년경에는 전체 인구의 25%가 될 것으로 예상).

여가산업의 대표주자격인 관광 사업을 살펴보면 일본 국내 관광의 경우 철도여행상품이 적지 않은 수를 차지하고 있고, 전국적인 리조트 호텔을 연계한 회원제 상품도 있다. 관광뿐만 아니라 같은 취향을 가지고 있는 시니어를 모집하여 이뤄지는 체험여행 상품이 인기가 있으며, 가격이 좀 비싼 대신 자택에서 공항까지 짐을 무료로 보내주는 등, 섬세한 서비스를 기본으로 한 상품도 있다.

관광업체 JTB의 경우 로얄 클럽 회원 전용 살롱(라운지)까지 만들었으며, 싱글도 안심하고 참가할 수 있는 상품과 부부만을 표적으로 한 상품도 개발하였다. 특히 부부 상품의 경우 현지에서의 이동은 부부 전용차를 준비하는 등, 세심한 배려에 주력하고 있다. 그 외에도 건강한 퇴직자를 표적으로 한 자유여행이나, 전 세계 유명 박람회를 투어하는 상품도 있다.

의료산업 중 생동감 있고 자립적인 시니어를 위한 건강 관련 사업으로는 예방·재활운동프로그램(스트레칭, 근육트레이닝), 홈 헬스 체크(자동검진시스템에 의한 건강관리, 상담시스템), 의료 제휴형의 건강관리 프로그램(생활 습관병 예방·건강·미용 등 목적에 따라 패키지를 선택), 고령자 수영교실, 피트니스클럽(의료서비스를 함께 제공하는 고급화시설), 의료 해외서비스 쇼핑 상품이 있다.

주거산업과 관련해서는 집의 소규모 증·개축이 유행이며 최근에는 의료와 함께 예방의학에 접근한 시니어 주택, 온천욕을 연계한 주택상품도 나타나고 있다.

금융산업의 보험 및 자산관리 분야는 매스매디어 중에서 많은 광고를 차지하고 있다. 간단하게 가입이 가능하고 단순하면서

연령 폭을 넓힌 종신 보험을 판매하는 AFLAC

도 포괄적인 패키지상품으로 견적 및 상담이 무료이며, 만 50세
~만 80세의 고령자는 무조건 가입할 수 있는 종신 보험, 연령 폭
을 40세~80세까지 넓힌 종신 보험(AFLAC) 등 이전에는 생각할
수 없었던 무심사 가입형의 생애 보장 보험이 등장하여 계약건
수가 급증하였다.

노년층과 관련된 제품 및 서비스 산업에서는 생활 습관과 관
련된 질병에 주목하여 먹거리 관련 사업으로 매일 먹는 식용유
로 콜레스테롤 수치를 내린다는 선언 하에 발매된 '건강에코나'
와 콜레스테롤 제로, 해바라기유 100%의 '오레인리치' 등이 히

골다공증 대책으로 '뼈 건강'을 위한, 칼슘과 MBP(유염기성 단백질)을 강화한 유음료

트상품으로 부상했다.

우유, 유제품 배달도 눈여겨볼만 하다. 골다공증 대책으로 '뼈 건강'을 외치며 유키지루시 유업이 발매한 칼슘과 MBP(유염기성 단백질)을 강화한 유음료가 인기이며, '근심스런 생활습관 시리즈'라는 헬스케어 드링크도 등장했다. 유제품 회사인 모리나가는 이용자 집 앞에 전용 보냉 상자를 설치하는 한편, 계약자들에게 뼈의 건강을 체크하는 서비스를 실시, 건강정보를 제공하면서 고객과의 커뮤니케이션을 통해 관계를 돈독하게 하고 있다.

뷰티 산업에서는 시니어 전용 모발 관리 상품이 등장했는데, 이는 대부분 남성들이 사용하고 있다고 분석된다. 시니어 전용

오데 코롱을 개발하거나, 이들을 표적으로 한 에스테틱(시세이
도)이 운영되기도 한다.

　의류산업은 연령이 증가할수록 변화하는 체형에 적합한 의류
가 일반화 됐으며, 근육강화 효과가 있는 기능성 의류와 남성 노
년층을 위한 캐주얼 상품이 돋보인다.

　1인 가구가 증가함에 따라 유니참(UNICHARM)에서는 애
완동물과 관련된 사업으로 애완동물 잡지와 고급 애견 브랜드
를 선보이고 있다. 프라모델로 유명한 반다이(BANDAI)에서

혼자사는 사람을 위한 인형 인기 YTN

고개를 끄덕이고, 말하며, 노래하는 인형 프리모 푸엘(반다이)과 이를 소개한 국내 뉴스

는 고개를 끄덕이고, 말하며, 노래하는 첨단 인형 프리모 푸엘 (PRIMO PUEL)을 판매했는데, 당시 가장 좋은 반응을 보인 계층은 벗이 필요한 독신 노년층이었다. 지금은 음료를 갖다 주고 가방도 들어주는 로봇을 개발 중이다.

자동차 관련 사업으로, 시력이나 반사신경이 쇠퇴하는 노년층 드라이버의 안전을 돕는 산업도 주목받고 있다. 안전장비를 충실하게 갖추고 있으면서 운전하기 쉬운 시니어 차인 웰캡(도요타)과 노년층이 쉽게 타고 내릴 수 있도록 차문을 바꾼 라움(토요타)이 판매되고 있는데, 이에 따라 시니어형 자동차보험도 점점 증가할 것으로 보인다.

또한 노인전용 전자오락실도 성업 중인데, 입장 자격을 50세 이상으로 제한하며, 게임의 종류도 단순하고 고전적인 것이 주

노인이 운전하기 쉬운 웰캡

노년층이 쉽게 타고 내릴 수 있도록 차문을 바꾼 라움

를 이룬다. 노년층의 오락욕구를 충족시킨 일종의 노인 휴게실이라 하겠다. 또한 향수에 젖을 수 있도록 노년층이 젊은 시절 유행했던 히트송도 재발매되고 있다.

실버층을 대상으로 하는 출판물도 인기인데, 청춘을 회고하며 노년의 입장에서 인생에 대해 진지하게 생각하는 하는 내용이 인기를 끌고 있다.

실버 고객이 대세로 떠오르다 – 해외 비즈니스 사례 (2)

유럽의 경우, 50세 이상 노년층이 2020년에 41%를 차지할 것으로 예상되고 있다. 특히 2차 대전 이후 베이비 붐 시대에 태어난 50세 전후 세대가 실버세대에 본격 편입되어 시장에 많은 변화가 예상된다. 유럽의 실버 계층은 막강한 구매력을 가지고 있으며 사회와 문화, 스포츠 등 다방면에 관심이 많고 패션의류와 여행 등에도 젊은 세대와 거의 동등한 관심을 갖고 있다고 볼 수 있다.

독일의 경우, 인구 800만 명 중 65세 이상 노인 인구가 이미 15%에 달했는데, 60세 이상 실버층이 가격대에 상관없이 구매량 면에서 가장 높은 비중을 차지하고 있다.

쾰른에 자리한 독일의 에스컬레이터 제조사인 Lifta GmbH사에서 조사한 결과를 보면 이 회사의 전형적인 주 고객층은 차를 운전하면서 스스로 쇼핑센터에서 물건을 구입하여 쇼핑백을 들고 다른 층으로 자유롭게 옮겨 다닐 수 있는 노인층이라고 한다. 또 엘리베이터 분야 세계 최고 회사인 티센크루프의 경우 "우리의 주 고객은 부자는 아니지만 집을 소유하고 있고 저축한 돈을 자유롭게 사용할 수 있는 노인 계층이다"라고 말하고 있다.

55세 이상의 여성들을 대상으로
성공을 거둔 니베아 비탈

　주거산업의 경우 은퇴한 연금생활자를 위한 맞춤형 주택이나
실버타운, 이에 적합한 의료와 재택 서비스를 추가한 상품이 등
장하고 있다.

　다임러-크라이슬러 연구팀은 신형벤츠를 설계할 때 노년층 운
전자를 염두에 두는데, 앞차와의 최소 안전 거리를 유지해 주는
센서등이 노년층에게 큰 도움이 되고 있다. 니베아 크림으로 잘
알려져 있는 기업인 바이어스도르프사의 경우 55세 이상의 여성
들을 표적으로 한 '니베아 비탈'을 출시하면서 매출이 큰 몫으로
상승했다.

행동이 부자유스러운 노인의 생활을 돕기 위한 상품도 여러 분야에서 판매되고 있다. 예를 들면 문이 달려 있는 욕조나, 일반 욕조에 들어갈 경우 힘을 많이 들이지 않고 미끄러지지 않도록 하는 기구도 등장했다.

마우스를 글자 위에 올리면 모니터에 크게 비춰주는 돋보기 마우스, 다림질할 때 적당히 기대어 앉을 수 있도록 높낮이를 조절하는 의자도 이미 시장에서 성황리에 판매되고 있다. 버튼을 누르면 시간을 알려주는 말하는 손목시계는 노안이 온 고객에게 인기를 끌고 있으며, 방문객이 초인종을 누를 경우 소리에 어두운 노년층을 위해 소리와 동시에 빨간 불이 깜박이는 기능이 있는 제품도 등장했다. 전화사용이 빈번한 노년층의 불편해소를 위해 일반 유무선 전화기의 번호를 크게 해 시각적으로 어려움이 없도록 한 제품의 판매량도 높다.

프랑스의 경우 제 2차 세계대전 이후 태어난 베이비붐 세대 중에서 현재 60세 이상을 가리키는 파피붐 세대(pappy boom generation)가 주목받고 있다. 이들 60대는 과거의 60대와는 정신적·육체적으로 다르고, 소득도 상대적으로 높기 때문에 인터넷과 이동통신 회사에서도 새로운 60대를 겨냥한 상품광고가 끊이지 않는다.

해외 패키지 투어 참가자는 실버층들이 대부분이며, 65세 이상 가구 중 절반이 바캉스를 떠나는 것으로 나타났는데, 그 이유는 이들이 다른 연령층보다 돈이 많기 때문이다. 따라서 자연적으로 프랑스의 명품브랜드는 여유 있는 이들을 대상으로 하고 있다. 명품과 보석으로 치장한 노년층 부부가 함께 쇼핑하는 광경이 흔하며 돈도 시간도 없는 젊은 여성은 거의 화장을 하지 않으므로 화장품의 주 소비층도 실버층이다.

랑콤의 경우 노년층을 타켓으로 한 피부 관리 제품이 매출의 절반 이상을 차지하고 있으며, 노인 전용 헤어 보호제품도

노년층을 위한 여가 월간지 노트르탕

선보이고 있다. 노년층을 위한 여가 월간지인 〈노트르탕(Notre Temps)〉도 출간되고 있다.

다양한 실버산업이 발달한 미국

미국의 경우, 민간기업이 전문성을 내세워 실버타운의 80%를 운영하고 있다. 주거산업에서는 비교적 건강한 노년층을 대상으로 하는 '홈 인스테드 시니어 케어(Home instead senior care)'라는 사업 영역을 개척했다. 노년층을 대상으로 한 비의료 서비스라는 새로운 시장을 생성한 것이다.

노년층을 위한 음식마련, 가벼운 집안일 돕기, 심부름과 쇼핑 대행, 편지관리와 공과금 내기, 애완동물 돌보기 등을 사업내용으로 하고 있다. 부동산 시장 등 전 분야에서 이들을 겨냥한 마케팅이 성황을 이루고 있는데, 자녀의 주택 바로 옆에 조립식 집을 지어 자녀와 별거하면서도 동거하는 것과 같이 보살핌을 받을 수 있는 상품도 있다.

여가와 관련하여 50세 이상 세대는 건강을 지키고 외모를 가꾸는 수단으로서 스포츠와 헬스를 택하는 경향이 높다. 이들의 구매력은 갈수록 확대될 것이라고 예측되고 있다. 세계 최대의

중·고령 비만 여성고객을 핵심 타깃으로 한 헬스클럽 커브스

피트니스 업체인 커브스(Curves)는 여성 전용 헬스클럽으로 중·고령 비만 여성고객들이 남의 눈을 의식하지 않고 이용할 수 있도록 운영하고 있다.

이외에도 70대 할아버지들이 야구팀을 구성하기도 하며, 노인 사이클 팀, 스키 팀도 생겨 스포츠·헬스용품업체, 골프코스 개발업체, 골프여행사들의 타깃이 되고 있다. 스키리조트들은 이들을 대상으로 슬로프 경사를 완만하게 하고 있다. 또한 고급 오토바이 브랜드인 할리 데이비슨은 구매자 평균 연령이 52세로 노년층을 겨냥한 브랜드로 위상이 정립됐다.

미국 베이비부머들은 이혼이나 독신자가 많다는 특징이 있는데 중매 사이트인 매치닷컴(www.Match.com)은 50세 이상을 위한 마케팅을 하고 있다. 이혼 등으로 나홀로 노년층이 증가하고 이 중 많은 사람들이 새로 연애를 하고 싶은 욕구를 인터넷을 이용해서 해소한다. 이들이 컴퓨터 및 인터넷에 친숙한 것이 가장 큰 이유인데, 이외에도 이하모니(www.eHarmony.com)나 엑스프레스닷컴(Xpress.com)과 같은 온라인 데이트사이트들이 있다.

이들 중에는 젊음을 유지하는 데 돈을 절대 아끼지 않는 소비층이 많은데, 화장품 회사인 레블론은 50세 이상 여성을 위한 브랜드 '바이털 레이디언스'를 런칭하였고, 리바이스는 실버층을 대상으로 다커스라는 느슨한 형태의 바지를, 갭도 중년여성을 위한 전문 브랜드를 내놓았다.

실버층을 대상으로 한
리바이스의 다커스

AT&T사의 실버폰에는 전화수신 증폭기와 자동긴급 다이얼
이 부착되어 있으며, 오후시간 장거리 통화에는 할인요금이 적
용된다. Choice호텔은 노인 손님용 객실을 별도로 마련해 놓았
는데 보기 편한 TV리모컨, 큰 버튼이 있는 전화기, 벽에 부착된
전등 스위치, 욕조 손잡이 등이 갖추어져 있다. 펭귄시리즈로 유
명한 펭귄출판사는 시력이 나빠진 노년층을 겨냥해 글자 크기와
행간을 넓힌 책을 출판하여 좋은 반응을 얻고 있다.

　　일반적인 시니어 식당과는 달리 다양한 프로그램을 도입한 마

초이스 호텔의 노인 손님용 객실 내 욕조.
욕조 안에 손잡이를 두어 노년층에게 편
리성을 제공하고 있다.

더카페 플러스(Mother cafe plus)는 저렴한 가격의 건강식, 현대적 실내 분위기, 식당 옆 다양한 정보 공간, 레크리에이션 강좌를 메뉴에 포함시켜 시니어 고객의 단골식당으로 정립되는 데 성공했다.

앞에서 살펴본 바와 같이 실버층의 수요를 충족시키기 위한 실버시장은 급속히 성장하고 있으며, 기업에게는 중요한 전략적 시장으로 부상하고 있다. 따라서 선진국은 물론이고 우리나라에서도 앞으로 실버시장을 간과하는 기업은 중요한 시장에서 경쟁적 위치를 확보하지 못하고 결과적으로 전체 시장에서의 경쟁력마저 잃게 될 가능성이 높다.

그러므로 이 새로운 시장에서 성공하기 위해서는 노년층에 대한 고정관념을 과감히 버리고 이들의 정확한 욕구를 파악하여 이론에 근거한 실버마케팅 전략을 수립, 기업의 목표를 달성해

시니어를 위한 복합문화공간인
매더카페플러스

야 한다. 그럼으로써 새로운 실버산업이 활성화 되면 경제를 성장시키는 역할을 할 것이며, 새로운 수출산업으로서도 유망해질 것이다.

노-노 케어는 일거양득

얼마 전 모임에 갔었는데 서로 안부를 묻다가 왜 부인은 함께 나오지 않으셨냐고 묻자 남편분이 "아내는 지금 일하러 갔어요" 라고 대답했다. 어떤 일이냐고 물으니 노인들을 돌보는 일을 한다는 것이다. 본인도 더 나이가 들기 전에 일을 해서 즐겁고, 남편의 은퇴로 인한 수입 공백도 메꿔 주어서 생활에도 도움이 된다고 했다.

무엇보다 가장 큰 장점은 가정 주부로만 지내던 아내가 일을 하여 소득이 생기는 것에 대해 기뻐한다는 것이며, 아내가 일하러 가면 남편은 가정 일을 하여 부부관계가 좋아졌다는 말도 곁들였다. 아울러 무리하다가 건강을 해치지 않았으면 한다는 말로 대화가 끝났다.

보건복지부와 한국보건사회연구원이 2012년에 노인의 근로 의지 실태를 조사한 결과, 65~69세 이상 42.3%가 '일하고 있고 앞으로도 하고 싶다'고 하였다. 그 이상의 연령층에서도 이러한 의견이 70~74세는 33.8%, 75~79세는 22%, 80~84세는 14%, 85세 이상은 6.9%로 나왔다.

100세 시대를 맞아 기대수명의 증가는 당연한 현상이다. 이제는 연령에 0.7이나 0.8을 곱하면 지난 시대의 연령과 비교가 대충 가능하다는 이야기도 회자된다. 지금의 50세와 예전의 40세가 같다는 말도 납득이 간다(50×0.8=40).

주변에서도 50대 혹은 60대 연령층을 보면 매우 건강하고 젊음이 넘치는 모습이라는 것을 확인할 수 있다. 그러나 반대로 사회구조적으로는 은퇴가 50대에 이뤄지고 있고 특히 여성의 경우 육아나 살림을 하는 시간이 줄어들어 여가시간이 더 늘어나게 된다.

이런 와중에 한 신문기사가 눈에 띈다. 미국에서 80-90세를 돌보는 50-60세의 일자리가 급증하고 있다는 것이다(중앙일보, 2013.3.21). 한정된 일자리를 놓고 실버층이 경쟁하게 되어 세대 갈등이 생긴다는 설도 있지만, 이와 같은 노-노 케어가 많아질수록 서비스를 받는 입장에서는 편안함을 누릴 수 있다. 또한 일자리가 필요한 실버층에게도 전혀 새로운 일자리보다 더 좋은 기회가 될 것이다.

이 기사에서는 실버층의 일자리 유형으로 수중 에어로빅, 실버 요가 등 노인에게 적합한 프로그램을 개발하고 운영하는 노인전담 헬스트레이너, 계단을 없애거나 부엌에 휠체어를 드나들 수 있도록 개조해주는 친노령 인테리어 디자이너를 제시했다.

또한 가구 및 소품 처분과 요양원 등으로의 이사에 대한 심리적 부담을 덜어주는 노인 이사 매니저, 진료비 점검과 조사, 보험금 관련 서류 처리 등을 해 주는 노인 환자 대리인도 소개했다.

노-노 케어의 힘

어쨌거나 중요한 것은 80~90대 노인들이 급증하고 있으며 이들을 위한 산업에 종사할 50~60대가 필요하다는 것이다. 실버층 본인이 계속해 온 일을 나이가 든 수요자에게 지속적으로 공급한다는 것은 매우 시사적이다.

우리나라도 대한노인회 9개 지회에서 노인이 노인을 돌보는 '경로당 노-노케어'를 실시한 결과 노인 자살자가 29.7% 줄고 실종은 25.5% 감소한 것으로 나타났다. 또한 이 지역 경로당 회원 수가 2,880명 증가했다는 긍정적인 결과도 보고되었다.

한편, 현 시점에서 실버산업의 특성을 살펴볼 필요가 있다. 실버시장은 전체적으로 보면 시장규모가 크다고 할 수 있으나 구조적으로는 세분화된 작은 시장들로 형성되어 있다. 그리고 외국의 사례에서와 같이 사업의 제공되는 서비스 성격에 따라 노

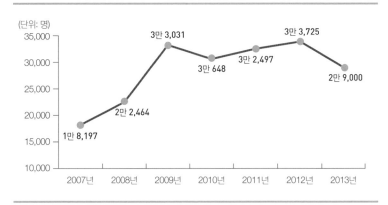

정부 일자리사업 노노케어 추이

(단위: 명)

자료: 한국노인인력개발원

인의 수요가 다양할 뿐만 아니라 지속적으로 변화하기 때문에
세분화에 적절하게 대응할 수 있는 중소형 기업에 적합하며 인
력도 많이 필요하다.

　따라서 실버층 일자리 창출은 정부 정책적으로만 접근할 것이
아니라 실버층을 대상으로 비즈니스 활동을 하는 기업이나 개인
사업자들이 제공하는 제품이나 서비스의 속성을 잘 살펴보고 일
할 능력과 의사가 있는 실버층들의 연륜이나 경험을 이용해야
한다. 또한 서비스를 제공하는 실버층의 철저한 자기 관리도 선
행되어야 한다.

실버산업의 핵, 이들을 아십니까?

근래 우리나라도 새로운 성장동력으로서 실버산업에 거는 기대가 크다. 2000년 들어 우리나라가 고령화사회가 됨에 따라 많은 매스컴에서 이와 같은 환경변화에 대해 언급했고 시간이 지날수록 관심은 계속 커지고 있다. 그러나 이 시장에서 성공하기 위해서는 핵심 고객인 베이비부머의 특성에 대해서 관심이 지속되어야 한다.

미국에서 베이비붐 세대의 자살률이 심각한 사회문제로 떠오르는 지금, 이 원인을 〈워싱턴 포스트〉와 〈뉴스위크〉에서 조망한 적이 있다. 이들은 주로 사회·심리학적 특성에서 이유를 찾고 있다. 2차 대전 직후인 1946~1964년 태어난 7,800만 명에 달하는 베이비부머들은 베트남 전쟁과 탈냉전 시대를 거치며 반전운동·양성평등 등의 사회변화를 주도한 세대이다. 가처분소득이 평균의 2.5배나 되며 미 금융자산의 75%를 소유하고 있고 현 미국사회를 이끌어 가는 세대라고도 할 수 있다.

베이비부머의 성장기였던 1950~1960년대 미국은 무한한 기회의 땅처럼 인식되었다. 대공황과 세계대전이 끝난 뒤 경제는 번창했고 정직하게 땀흘려 일하면 잘 살 수 있다는 아메리칸 드림이 미국 전역을 휩쓸었다. 또 1955년 미 전역에 착공된 고속도로들이 이 시기에 완공되어 미국 내 어디든지 손쉽게 여행할 수 있게 되었다.

이들은 어릴 때부터 텔레비전을 보고 자란 첫 세대였고 인류학적으로는 백신을 접종받은 첫 세대며 충분한 영양분과 항생제를 공급받았다. 1977년부터는 개인용 컴퓨터도 접하게 됐다. 이처럼 새로운 가전제품들로 이들은 끊임없이 지식을 쌓고 오락을 즐기려던 파우스트의 꿈을 현실에서 이루게 됐다는 것이다.

이 세대가 성인이 된 1966년에서 1984년 사이에 사회적 변혁이 일어나 민권운동가와 히피, 페미니스트, 반전운동가들이 등장하여 저항의식을 가졌고 생계가 아닌 가치와 정체성에 관해 고민하였다.

이 신문은 이런 기회와 혜택이 지금의 베이비 부머들을 스트레스에 더 취약하게 만들었다고 분석하였다. 부모 세대보다 더 적은 급여를 받고 시도 때도 없이 실직의 위협에 처하는 지금의 상황에 수치심을 느낀다는 것이다. 또한 기성세대를 적대시하고 젊음에 큰 가치를 뒀던 그들이기에 나이가 들고 신체적 노화 현상이 일어나는데 대한 거부감과 좌절도 심하다고 이야기한다.

우리나라 베이비부머의 특징은 무엇인가

우리나라 베이비부머 세대(1955~1963년 생)들도 전쟁의 참화는 피했지만 배를 곯는 어려움을 겪으며 청년기를 보냈고 경제성장과 민주항쟁을 몸으로 느끼며 살았다. 민주화가 이뤄지고 경제는 선진국 문턱에 왔을 때 혹독한 외환위기를 겪었고 다시 미국발 금융위기가 닥쳐왔다. 지금 정년은 코앞에 왔고 뒷길은 불안하다.

이 내용은 사회조사를 통해 본 베이비 붐 세대의 특징이다. 우리나라 베이비 부머들의 은퇴준비도를 살펴보면 전체 평균 100점 만점에 62.2점으로 낙제를 조금 면한 수준이다(서울대 노화고령사회연구소, 2012.2.2). 영역별로는 재무가 52.6점으로 가장 낮았으며, 건강은 66.4점으로 비교적 높게 나타났다. 심리적 측면은 61.3점, 사회적 관여 측면은 68.6점을 보였다. 이 중 재무 즉, 노후준비에 소홀한 것은 자녀교육과 결혼자금의 압박인 것으로 보인다.

또 다른 조사에 의하면 베이비 부머의 92%가 자녀의 고등교육학비를, 54%가 결혼준비비용을 거의 혹은 상당 부분 제공하는 것으로 조사됐다. 수명이 연장됐다는 것은 그만큼 높은 자

베이비붐 세대의 주요 특징(조사 문항에 대한 응답 비율)

원하는 단계까지 교육 받지 못했다	**64.2%**
자녀 대학교육비 지원해야 한다	**99.1%**
자녀 교육비 소득에 비해 부담됨다	**83.1%**
자녀 결혼비용까지 지원해야 한다	**90.0%**
노후준비를 하고 있다	**80.0%**
지난 1년간 공연, 전시, 스포츠를 한 번이라도 관람했다	**47.8%**
지난 1년간 사회복지단체 등에 후원금을 냈다	**40.9%**

출처: 통계청, 〈세계일보〉 2010.4.11

녀 부양비용을 수반한다. 1960년대 5년 안팎이던 부모 봉양기간도 지금은 20~25년에 이른다. 부모, 자식 관계의 확실한 변화를 주지해야 하는데 베이비부머는 이를 제대로 인지하지 못하고 있다.

이러다 보니 과중한 책임감에 눌러 50대는 하루 6명이 스스로 목숨을 끊을 정도로 자살률이 높다(〈서울신문〉 2013.12.6). 이렇게 부모 부양과 동시에 자식들도 돌봐야 하는 '낀 세대'로서 경제적 환경이나 노화와 관련된 요인과 결합되면 그렇지 않아도 높은 자살률이 더욱 높아질 수 있다는 것을 직시해야 한다.

고령사회로의 이전 현상은 전 세계적이다. 또한 과학과 매스컴의 발달로 인해 세계는 더욱 가까워졌다. 베이비부머 세대가 국가마다 그 특성이 다르다고는 하나 유사성 또한 많다. 때문에 이들을 대상으로 한 기업 혹은 개인사업자들은 이들의 성장배경이나 특성, 사회적인 환경에 대해 많은 관심을 기울이고, 이를 정보로 새로운 비즈니스나 제품 및 서비스를 개발하여야 한다.

노화에 대한 사회적 태도는 변화하고 있는가?

　얼마 전 TV프로에서 방영된 70대 이상 실버층들의 여행기 〈꽃보다 할배〉가 화제가 됐었다. 그 프로를 시청한 이들은 출연 할아버지들이 나름 귀엽다고 표현하기도 했다.

　우리와 가장 가까운 매체인 TV를 보다보면 많은 역할 중 노인의 역할이 나오기 마련이다. 대개 부모님과 할아버지, 할머니의 역할인데 과거와는 다르게 비중이 크고 의사결정권자로 나오는 경우도 많이 있다. TV에 나오는 광고 속 노인들의 긍정적인 이미지는 그들이 소외되지 않았으며 긍정적으로 인정받고 있다는 인상을 전달하고 있다.

　그러나 노화나 노인에 대한 일반적인 태도는 그다지 긍정적으로 변하지 않았다. 만약 긍정적이라면 성형수술, 노화방지 화장품이나 프로그램 등의 시장규모가 압도적으로 높아지지 않았을 것이다. 수요없는 공급은 없다. 제품이나 서비스에 대한 수요가 시장 내에서 존재하는 한 시장은 그에 의해 생성된다.

이제 더 이상 아줌마도, 아저씨도 아니다

이런 추세를 타고 노무족(No More Uncle: 더 이상 아저씨가 아니다), 노마족(No More Aunt: 아줌마 이미지를 벗어나고 싶다) 이라는 용어가 등장했다(〈중앙일보〉 2013.7.17). 이 신조어는 40~60대 중년들이 나이 들어 보이기를 거부하는 트렌드가 뚜렷해지면서 패션과 미용, 식품, 헬스산업에서 큰 손으로 주목받고 있다는 것을 의미한다.

대한상공회의소가 성인남녀 500여 명을 대상으로 한 설문조사(2013.7)를 발표하였는데 그 중 '옷을 살 때 품질보다는 날씬하게 보이는 제품을 구입한다'고 응답한 비율이 67%에 이르렀다. 가급적 젊게 보이겠다는 욕구가 반영된 소비성향이다.

현대홈쇼핑은 30대를 타깃으로 몸에 딱 맞는 슬림핏 바지를 내놓았다가 적잖이 놀랐다. 주문한 고객의 73%기 40~50대 남성이었던 것이다. 또한 소비자의 63.9%는 '외모가 곧 능력이자 자기 관리의 척도'라고 응답했다.

노화에 대한 사회적 태도가 변화하는 것은 보다 많은 사람들이 노년기에 이를수록 극명할 것이다.

단어에 갇히지 마라

그렇다면 이런 시대에 중년은 몇 살부터인가? 최근 영국에서 중년은 53세부터라는 조사결과가 나왔다. 영국의 '베네든 헬스'라는 연구기관에서 남녀 성인 2천명을 대상으로 나이 드는 것에 대한 태도를 조사한 결과 종전에 41세로 생각했던 중년의 기점이 50대 중반으로 늦춰진 것으로 나타났다.

늦춰진 이유는 건강해진 심신과 활동적인 삶 등으로 인해 '노화'에 대한 태도가 변하고 있기 때문이며 조사 대상자의 절반이 넘는 사람들은 '중년'이 있는지조차 느끼지 못했다고 한다.

시간의 흐름에 따라 모든 유기체는 점진적으로 변화하고 노화를 겪게 된다. 이것은 거부할 수 없는 진실이고 정상적인 발달 과정상의 변화이다. 노화에 따른 부정적인 변화에 대응하여 안티에이징 제품이나 성형수술 등 노화와 관련된 많은 비즈니스 유형이 등장하고 있지만 노화에 따른 긍정적인 면과 부정적인 면의 조화를 잘 살피는 방법으로 사업을 구상하는 것도 생각해 볼 시기이다.

즉 '꽃보다 할배'에서 협찬된 상품, 아웃도어 의류, 식료품(미네랄 음료 등), 배낭여행 등과 같이 젊은 층에게 소비됐던 제품

안티에이징 관련 제품 및 서비스 시장규모

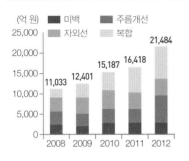

(억 원)
■ 미백 ■ 주름개선
■ 자외선 ■ 복합

2008: 11,033
2009: 12,401
2010: 15,187
2011: 16,418
2012: 21,484

자료: 대한화장품협회, 교보증권 리서치센터

(억 달러)
― 건강기능식품 ― 기능성화장품
― 안티에이징서비스

2005: 2,300 / 1,362 / 661
2010: 3,000 / 1,800 / 772
2015E: 4,000 / 3,000 / 1,000
2020E: 4,800 / 4,000 / 1,200

자료: 지식경제부, 교보증권 리서치센터

및 서비스가 실버층에게도 소비되는 모습은 노화에 대한 기존의 이미지를 긍정적으로 바꿈과 동시에 이와 같은 제품 및 서비스의 소비시장을 확대하는 결과를 낳았다.

그와 동시에 노화에 대한 부정적 이미지가 존재하기 때문에 고가 화장품의 소비나 성형수술을 유도하기 위한 광고에는 젊은 모델을 출현시키는 측면도 있다. 따라서 이렇게 상반된 노화에 대한 시각을 이해한 마케팅 전략을 수립해야 한다.

100세까지 산다는 것의 의미

유엔이 2009년 발표한 〈세계 인구 고령화 보고서〉를 보면 평균 수명이 80세를 넘는 나라가 2000년에는 6개국에 불과했으나 2020년에는 31개국이 될 것으로 전망된다. 이를 호모 헌드레드 시대로 정의한 이래로 100세 시대라는 용어가 이제 친숙하게 되었다.

우리나라도 과학의 발달과 아울러 의학의 발달에 따라 같은 베이비부머 세대에서도 출생년도에 따라 평균수명이 달라지기도 한다. 이는 환경변화의 속도가 매우 빠르다는 것을 의미하는 것이다. 매스컴에서 오래 산다는 것에 대해 긍정적인 혹은 부정적인 전문가 의견이나 사회구조 전체의 상황을 전하고 있는데 이에 대한 반응도 연령에 따라 다양한 차이를 보인다.

주민등록 인구 통계 자료에 따르면, 2014년 7월 기준으로 전국 100세 이상 노인은 1만 4,592명이며 서울에 살고있는 100세 이상 노인은 4,522명(30%)이다. 참고로 일본은 1998년에 1만 명을 2012년에 5만 명을 넘었다.

100세 노인의 지역별 분포를 살펴보면, 경기도가 2,639명, 부산 1,374명, 전남 696명 순이며, 서울의 100세 이상 노인은 2010

년 3,523명, 2011년 3,586명, 2012년 3,926명, 2013년 4,266명으로 꾸준히 증가하고 있다. 또한 100세 이상이 되면 사망자도 급격히 증가하는데 조사에 의하면 이중 연간 30%가 사망하는 것으로 나타났다(조선일보, 2012.9.27).

100세 시대의 패러다임은 가족생활주기에서

이렇게 수명이 연장될수록 사회전체에서는 그것에 적합한 패러다임을 갖도록 홍보하는 것이 필요하다. 대개 연령이 적을수록 '그 긴 세월을 어떻게 보내느냐?'라는 질문을 하는데, 개인차가 있기는 하지만 가족생활주기를 고려해 보면 청사진이 그려지지 않을까 한다.

한국가족생활주기를 살펴보면 미혼기, 신혼부부기, 젊은부부기, 중년부부기, 장년부부기, 노년부부기, 사별 후 독신기로 나누고 있다. 이 주기에 따라 구매되는 제품이나 서비스 혹은 라이프 이벤트의 차이가 있다. 때문에 가족생활주기는 개인적인 측면에서 인생설계와 노후설계에 도움이 될 것이다. 이를 통해 실제적인 연령구분이 어느 정도 가능하고 주기의 단계 별 특징을 파악할 수 있게 된다.

우리는 실버층일수록 시간이 더디게 간다고 알고 있지만 이것
도 개인차가 크다. 오히려 젊은이들이 자기의 임무를 수행하는
데 따른 노력과 스트레스로 시간이 더디게 간다고 생각하는 면
이 있다. 이런 실버층에 대한 고정관념은 빨리 버리는 것이 의사
결정에 도움이 된다.

조사에 의하면 50-60대 실버세대는 70세가 넘어서도 경제활
동을 원하며 나이가 들수록 실제 나이보다 젊게 느끼고 더 오래
살고 싶어 한다. "언제까지 살고 싶은가?"에 대한 질문에는 50

100세 이상 노인 수   (단위: 명)

자료: 안전행정부

대는 88세, 60대는 89세로 답했다. 특히 이들의 절반가량이 90세 이상 살고싶다고 답했으며 100세 이상이라고 응답한 비율도 15%나 있었다(서울신문, 2013.12.6).

통계적 수치는 우리에게 많은 시사점을 제공한다. 따라서 사회전체에서 실버층이 많아질수록, 이와 관련하여 정부차원에서 노인수당이나 평생교육과 같은 정책과 제도 마련이 필요하다.

만드는 기업 VS 제공하는 기업

또한 기업이나 개인사업자들은 특정인생단계를 고려하여 라이프이벤트에 따른 제품이나 서비스를 제공해야 한다. 예를 들어 LG전자에서는 독신 미혼층을 주 고객으로 하는 꼬망스 소형 세탁기를 판매하고 있다. 미혼단계의 소비층에게 좁은 공간에서 사용할 수 있는 제품이 필요하다는 것을 인식한 결과이다. 세탁기는 사별 후 독신기에도 사용될 수 있다.

또 다른 특정인생단계를 고려한 사례로는 효도여행상품이나 크루즈 여행, 혹은 의료비용의 증가에 따른 보험상품 등이 있는데 이는 노년부부 단계에 해당한다. 이처럼 특정인생단계를 파악한다면 소비자가 구매하게 되는 제품 및 서비스를 고려하는데 도움이 될 수 있으며, 생산 및 개발의 필요성에 직면하여 적합한 활동을 할 수 있다.

여가활동에서 기회를 잡아라

　우리나라나 외국에서 실버타운이나 요양시설 혹은 복지관을 방문해 보면 그 주일의 여가프로그램을 벽에 부착해 놓은 것이 쉽게 눈에 띈다.

　어느 시설이던지 입주자들의 건강이나 활동정도에 따라 적합하게 프로그램을 마련해 놓고 있다. 얼마 전 방문한 치매환자 전문 요양시설도 여가프로그램을 개설해 놓고 있었다. 이렇듯 건강여하를 불문하고 실버층들에게 여가란 뗄래야 뗄 수 없는 상황이라고 할 수 있다.

　우리가 삶을 유지하는데 필수적으로 행해야 하는 생리적 필수시간(식사·수면 등)과 노동시간, 노동시간 이외에 의무시간 등을 제외한 나머지 시간을 임의적으로 사용하게 된다. 나이가 들수록 이러한 임의시간 즉 여가 시간이 많아지게 된다.

　노년기의 여가는 노인의 다양한 욕구를 충족시키는 수단이 된다. 따라서 시간을 효율적으로 사용할 수 있도록 해 주면 자기인식, 자기표현 및 자아실현, 건강유지, 원만한 배우자 관계 등에 모두 긍정적인 영향을 미친다.

잘 노는 노년이 행복한 노년이다

과거 실버층들은 은퇴 이전에는 고도경제성장의 단계에서 일을 위주로 살아온 삶의 패턴에서 벗어나지 못하고 여행, 레저보다 일을 중시하였다. 지금 대부분의 은퇴한 실버소비자들도 새로운 놀이나 레저형태를 개발하려는 노력을 하지 못하고 기존의 취미, 오락, 레저를 답습하고 있다.

그러나 베이비부머를 포함하여 실버소비자들의 수와 부가 빠른 속도로 증가하고 있고 상대적으로 은퇴시기가 빨라 실버소비자들의 여행, 취미 등을 포함한 여가상품에 대한 수요가 급증하고 있다. 실버소비자들을 주 고객으로 하여 빠르게 성장하고 있는 크루즈 여행상품의 예에서도 보듯이 실버소비자를 잘 이해하고 그들의 여가시간을 실버층 입장에서 고려하여 개발된 제품이나 서비스이라면 성공의 가능성은 높아진다.

많은 실버층들이 그들이 선택할 수 있는 여가상품이 부족하다고 말한다. 여행상품의 타깃이 누구인가는 주관사들의 상품 내용을 살펴보면 예측가능하다. 이런 시각에서 보자면 여행 스케줄이 너무 빡빡하게 진행되는 경우도 다반사이며 젊은층이 부모님과 동반할 경우, 그 실버층이 관심을 보이는 여행 상품보다는

중국 상해 친화원 실버타운에서 제공하는
여가프로그램

자식에게 어울리는 상품을 권하는 경우도 있다. 오직 실버층을
대상으로 깊이있게 기획한 상품은 많지 않은 것이다.

그런 연유로 근래 방영된 〈꽃보다 할배〉를 유심히 지켜 보았
다. 건강한 실버층들이라면 여행을 하는데 연령이 그리 문제가
되지 않겠다는 생각도 들었다. 이처럼 대부분의 실버층들이 여가
로 관광을 선택한다. 여행사 측면에서는 유리한 새로운 시장기회
가 펼쳐지고 있는 것이다. 따라서 실버층의 상황이나 욕구를 정
확히 겨냥한 상품개발이 필수적으로 뒤따라야 한다.

은퇴기의 실버소비자들은 상대적으로 시간이 많으므로 휴가

	여가활동 유형
문화체육부 (1995)	스포츠/취미 및 교양/관람 및 감상/사교/관광 및 행락/놀이 및 오락/기타 휴식
한국관광공사 (1998)	여행 및 관광/모임 및 사교/감상 및 관람/스포츠/취미, 교양, 창작/놀이 및 오락/기타 휴식
통계청 (2000)	감상 및 관람/TV시청/PC관련/승부놀이/창작적 취미/스포츠/여행/사교관련/가족동반/가사잡일/기타
ISSP-Leisure Time and Sports (2007)	TV, DVD 감상/영화감상/쇼핑/독서/문화생활/친척만나기/친구만나기/카드 보드 게임/음악감상/스포츠(직접)/스포츠 관람/바느질, 뜨개질/PC 및 인터넷
한국종합사회조사 (2009)	TV, DVD 감상/여행(낚시, 답사, 하이킹, 관광 등)/문화예술 관람/스포츠 관람/스포츠활동/컴퓨터 게임 및 인터넷 검색/창작적 취미/자기계발/봉사활동/종교활동/가사일/휴식/사교관련

자료: 한국보건사회연구원 2010.3.19

철 등의 피크타임을 피하는 상품을 개발한다면 관광업계의 측면에서도 비수기의 실적을 올릴 수 있고, 상대적으로 실버소비자들에게도 좀 더 주의를 기울일 수 있으므로 만족도를 높일 수 있을 것이다.

또한 실버층들의 신체적·생리적 조건도 충분히 고려해야 한다. 예를 들면 요실금 환자가 많으므로 관광버스 기사들은 자주 정차할 필요가 있으며, 실버층들이 복용하는 많은 약물을 냉장

보관하기 위해서 버스에 작은 냉장고를 설치할 필요도 있다. 방문지도 실버층들의 신체조건을 고려해 과도한 도보나 신체적 노력이 필요한 코스는 피해야 한다. 실버층들도 가격할인이나 판촉활동에 민감하므로 여러 가지 할인전략을 제공한다면 고객유치에 도움이 될 것이다.

장기적으로는 나이가 들어서 새로운 취미나 레저를 습득하기가 쉽지 않으므로 그 전에 자신에게 맞는 여가활동을 습득하여 꾸준히 할 수 있는 방법이 제시되어야 한다. 이 또한 실버층들의 성공적인 노후에 일익을 담당하는 새로운 시장 기회가 될 것이다.

실버층이 선호하는 광고 모델은?

보편적으로 광고주들은 젊은 모델보다도 나이든 모델을 기용했을 때 실버층에게 더 많은 영향을 끼칠 수 있다고 믿는다. 하지만 실상을 살펴보면 젊은이들이 실버층 모델을 더 선호한다. 실버층들이 오히려 광고에서 실버층모델을 보기를 원하지 않는다고 하는 연구 결과도 있다. 이는 실버층들 스스로가 다른 실버층과 관련지어지는 걸 원치않는다는 것을 보여준다.

앞에서도 여러번 등장했지만 실버층들은 자신을 실제 연령보다 평균 15세 정도 더 젊다고 생각하고 있기 때문이다. 따라서 실버층을 모델로 하는 제품이나 서비스광고가 자신을 대상으로 한다고는 생각하지 않으므로 광고가 실패할 가능성도 크다.

한 때 영화 〈집으로〉의 영향으로 광고계에는 노인 모델을 사용하는 것이 유행했다. 그때는 대부분 가족애나 휴머니티를 강조하는 정서적인 측면에서 노인의 이미지를 활용하였다.

근래에 들어 실버층이 모델로 등장하는 광고가 과거에 비해 많아진 것을 알 수 있는데 이는 실버층에 대한 부정적인 고정관념이 없어지고 있다는 긍정적인 신호라 할 수 있다. 성인용 기저귀 광고를 예로 들자면, 한국의 경우 기저귀를 성인들이 사용한다는 자체에 대해 부정적인 관념이 있었다. 반대로 시장 초기에 우리보다 고령화가 빨랐던 일본은 그 즈음에 여성모델을 이용하여 '이 제품을 사용하면 일상생활이 즐겁다'는 멘트로 TV광고를 하였다. 현재는 우리도 유명한 여성 탤런트를 모델로 하여 TV를 포함한 여러 매체에 광고하고 있다.

가장 적극적으로 실버모델을 사용하는 것은 금융상품 분야다. 정보성 광고를 집중적으로 실시했는데 신뢰성있는 사회저명인사나 전문가를 실버모델로 많이 등장시켰다. 나이가 많거나 병력 등으로 보험가입이 힘든 소비자도 가입할 수 있다는 말로 공감을 최대한 자아내기도 했다. 명인제약의 '이가탄'은 트로트 가수를 모델로 내세워 실버계층의 인지도를 향상 시켰으며, 반복되는 문구를 통하여 실버계층에게 제품을 쉽게 인식시키도록 유도했다.

효도폰으로 잘 알려진 LG전자의 '와인폰'은 중년배우를 모델로 내세웠고, 제품의 화면도 알아보기 쉽게 다른 제품보다 넓게 디자인했다. 복잡한 기능에 질린 중·장년층을 위해 통화 기능에 초점을 맞춰 전화를 쉽게 걸 수 있도록 휴대폰 버튼을 2배로 키웠으며 글자확대를 할 수 있는 돋보기 기능과 소리가 잘 들리도록 음량도 키워 시장 공략에 성공했다.

편의성을 강조한 와인폰 광고

실버층을 대상으로 하는 광고는 실버소비자의 관여수준을 높이기 위한 전략이 필요한데, 요즘에는 트라스트 관절염 치료제처럼 제품사용과 관련되는 생활의 한 단면을 유명 모델이 연출하는 경우도 있다.

딱 하나 피해야 할 것을 기억하라

한국개발연구원이 실시한 설문조사에 따르면(2011.7.29), 연

고급스러움과 자연친화를 강조한 실버타운

령대가 높을수록 실제 나이와 자신이 인지하는 나이의 격차가 큰 것으로 조사됐다. 80세가 넘어도 스스로 늙었다고 생각하는 경우는 많지 않다는 것이다. 따라서 '늙었다'는 소외감을 느끼지 않도록 한 상품, 해당 상품에 대한 혐오감을 갖지 않도록 배려하여 마음 편히 사용할 수 있는 상품 개발이 성공 포인트이다.

시니어들의 마음을 사로잡는 것은 그리 간단한 일이 아니다. 하지만 매우 간단한 원칙 하나만 기억해도 절반은 성공이다. 시니어들은 노인 취급을 받는 것과 '고령층'이라는 하나의 격리된 집단 안에 몰아넣는 것을 좋아하지 않는다는 점이다(LG경제연구원, 2011.7).

실버시장이 점점 확대되는 현 시점에서 다양한 제품에서 자사 제품에 대한 인지나 구매설득에 효과적인 정보원 중 하나가 광고모델이라고 할 수 있다. 이러한 실버시장에서 실버모델은 실버층의 구매를 유도하는 역할을 맡아 그 중요성이 점점 커질 것이다.

노인에게 젊음을 팔아라!

올 댓 실버마케팅

초판 1쇄 2014년 9월 27일

지은이 김숙응
펴낸이 성철환 **편집총괄** 고원상 **담당PD** 이승민 **펴낸곳** 매경출판㈜
등 록 2003년 4월 24일(No. 2 – 3759)
주 소 우)100 – 728 서울특별시 중구 퇴계로 190 (필동 1가) 매경미디어센터 9층
홈페이지 www.mkbook.co.kr
전 화 02)2000 – 2610(기획편집) 02)2000 – 2636(마케팅)
팩 스 02)2000 – 2609 **이메일** publish@mk.co.kr
인쇄 · 제본 ㈜M – print 031)8071 – 0961

ISBN 979 – 11 – 5542 – 165 – 9(03320)
값 14,000원